Droit du travail

Martine Le Bihan-Guénolé
Maître de conférences à l'université du Havre

14e édition • 2015-2016

hachette
SUPÉRIEUR

LES FONDAMENTAUX

LA BIBLIOTHÈQUE DE L'ÉTUDIANT

Collection créée par Caroline Benoist-Lucy

Dans la même collection :

Droit, Politique

7 *Les institutions de la Vᵉ République* (Ph. Ardant, S.-L. Formery)
9 *La fiscalité en France* (P. Beltrame)
12 *Introduction à la science politique* (J.-M. Denquin)
16 *Introduction à l'étude du droit* (J.-C. Ricci)
17 *La Constitution commentée, article par article* (S.-L. Formery)
18 *Finances publiques de l'État - La LOLF* (J. Mekhantar)
19 *Les collectivités territoriales en France* (E. Vital-Durand)
22 *Contentieux administratif* (D. Turpin)
34 *Philosophie politique / 1. Individu et société* (M. Terestchenko)
35 *Philosophie politique / 2. Éthique, science et droit* (M. Terestchenko)
46 *Droit administratif* (J.-C. Ricci)
47 *Mémento de la jurisprudence administrative* (J.-C. Ricci)
57 *Introduction au droit de l'Union européenne* (J. Dutheil de la Rochère)
75 *Mémento des institutions politiques françaises* (E. Vital-Durand)
86 *Droits fondamentaux et libertés publiques* (J.-M. Pontier)
121 *Droit des sociétés* (J. Bonnard)
132 *Droit pénal général* (P. Canin)
137 *Droit des entreprises en difficulté* (J. Bonnard)
144 *Droit commercial* (P. Canin)
148 *Droit civil / Les obligations* (P. Canin)
156 *Droit civil / Les biens* (R. Desgorces)
161 *Quel droit pour l'environnement ?* (S. Maljean-Dubois)
173 *Mémento de Droit des sociétés : le juge et la société* (J.-L. Navarro)
178 *Mémento de la jurisprudence de la CDEH* (Y. Lécuyer)
179 *Droits et libertés constitutionnels* (Ph. Blanchèr, J.-É. Gicquel, P. Jan)
180 *La QPC* (M. Verpeaux)

www.hachette-education.com

PAPIER À BASE DE FIBRES CERTIFIÉES

hachette s'engage pour l'environnement en réduisant l'empreinte carbone de ses livres. Celle de cet exemplaire est de : 500 g éq. CO_2
Rendez-vous sur www.hachette-durable.fr

ISBN 978-2-01-270907-2

Table des matières

1 chapitre

Définition et origine du droit du travail

Le droit du travail est ***autonome***. Il a ses principes généraux, sa juridiction particulière, et certains de ses caractères sont méconnus du droit civil (la grève, par exemple).

1. Le « droit » du « travail »

- Dans les termes « droit du travail », il y a tout d'abord le **droit**, pris dans le sens de ***législation***. Celle-ci sera protectrice du travailleur contre d'éventuels abus de la part de l'employeur. Mais il ne faut pas perdre de vue l'entreprise, l'employeur. Ce dernier se plaint souvent des tracasseries du Code du travail, de l'inspection du travail. Ce droit est aussi la réponse apportée à certains problèmes, par exemple le fait de savoir si un employeur a le droit de licencier un salarié, et quels sont les recours du salarié.
- Et puis, dans l'expression « droit du travail », il y a le **travail**. Pour la majorité des personnes, le travail n'est pas synonyme d'épanouissement. Mais depuis quelques années, cette vision négative tend à s'atténuer. Avec l'irruption d'un chômage massif, le travail s'est vu reconnaître une ***valeur*** certaine. D'ailleurs, n'est-on pas *à la recherche* d'un travail ? Aujourd'hui, le travail est non seulement une nécessité alimentaire, mais aussi et surtout le moyen d'être reconnu dans la société. À ce titre, le RMI, revenu d'***insertion***, était le moyen d'exister socialement. Le RMA (revenu minimum d'activité) est un nouvel outil d'insertion et le RSA (revenu de solidarité active) a été généralisé en 2009.

Le droit du travail est paradoxal dans la mesure où, s'il protège le salarié, il ne peut faire abstraction de l'entreprise. Il ne vient à l'idée de personne aujourd'hui de souhaiter la disparition de ce droit, car il protège l'ensemble des intervenants ***pour une relation d'équilibre***.

C'est un droit concret, car il organise la vie quotidienne des travailleurs. Il est influencé par la situation économique, politique, sociale, et pour cette raison il est instable. Il est ***instrument de paix sociale***, car il influence le mode de vie du salarié (salaire, durée du travail, âge de la retraite...).

2. Un droit jeune et diversifié

- Le droit du travail est un droit **relativement jeune**. Son apparition en tant que législation remonte à la fin du XIXe siècle.

L'expression « droit du travail » est en fait récente : elle est employée depuis une quarantaine d'années environ. Jusqu'en 1950, on connaissait la ***législation industrielle***. Ce vocable a été abandonné car il laissait entendre non seulement que le droit du travail ne trouvait sa source que dans la loi, mais, de plus, que seule l'industrie pouvait relever du droit du travail. Or toute la population active salariée est concernée par le droit du travail, même si, d'un point de vue historique, il est vrai que le droit du travail s'est développé au XIXe siècle dans l'industrie, les manufactures. C'est la raison pour laquelle on a aussi employé l'expression ***droit ouvrier***, dans la mesure, où, à l'origine, ce droit s'est développé au profit des seuls ouvriers. Mais ce vocable a également connu le déclin, car il présentait un caractère beaucoup trop restrictif : en effet, il n'y a pas que les ouvriers à être concernés par ce droit, mais aussi les employés, les cadres, les employeurs.

- C'est un droit **diversifié**. La population salariée s'est accrue depuis le XIXe siècle, et les dispositions du Code du travail ont été étendues à des personnes qui avaient un statut imprécis (les journalistes, par exemple).

3. Le champ d'application du droit du travail

Aujourd'hui, on emploie le terme général de ***droit du travail***, bien que certaines catégories de travailleurs échappent à l'emprise du droit du travail : les travailleurs indépendants, les artistes, les écrivains, ceux qui travaillent pour leur propre compte.

- Le droit du travail ne s'applique pas à tous les travailleurs, mais **à ceux qui perçoivent un salaire, en échange d'un travail**. Le salarié est subordonné à l'employeur, qui lui donne des ordres, le contrôle.

On citera la définition proposée par G. Lyon-Caen. Pour cet auteur, le droit du travail est « *l'ensemble des règles juridiques applicables aux relations individuelles et collectives qui naissent entre les employeurs privés et ceux qui travaillent sous leur autorité, moyennant une rémunération, le salaire »*.

Pour être concerné par le droit du travail, il faut ***effectuer un travail au service d'autrui***, il faut que l'une des parties donne des ordres à l'autre, qui les exécute. J. Rivero définit ainsi, pour sa part, le droit du travail : « *C'est l'ensemble des règles juridiques applicables aux relations individuelles et collectives qui naissent entre les employeurs privés et ceux qui sont sous leur autorité, à l'occasion de ce travail.* »

Mais la ***subordination*** devient une notion délicate à utiliser, car des salariés peuvent travailler comme de véritables indépendants. De plus en plus, les nouvelles techniques, le télétravail, l'utilisation de micro-ordinateurs renforcent cette tendance. Les salariés bénéficient d'une plus grande autonomie dans leur travail.

- Enfin, les relations de travail régies par le droit du travail sont exclusivement celles du **secteur privé**.

Afin de comprendre ce droit dans sa richesse et sa complexité, il nous faut en rappeler l'***historique*** (1), préciser ses ***sources*** (2), et en étudier les ***instances de contrôle*** (3).

I. Historique du droit du travail

On présentera l'évolution historique du droit du travail en distinguant quatre périodes : l'Ancien Régime, dominé par les ***corporations*** (A) ; la période 1789-1840, caractérisée par le ***libéralisme*** (B) ; l'apparition, après la Révolution de 1848, d'un ***mouvement ouvrier***, et son organisation jusqu'à la Seconde Guerre mondiale (C) ; la ***période des acquis sociaux***, depuis 1945 jusqu'à la crise sociale actuelle (D).

A– L'Ancien Régime : le règne des corporations

1. Le monopole professionnel des corporations

Il y a, à cette époque, une grande diversité des structures, mais les métiers sont dominés par les corporations, qui sont des ***associations,*** reconnues par l'autorité royale, ***de défense mutuelle et d'entraide visant à organiser la profession et répartir le travail.***

Très hiérarchisée, la corporation comprend ***trois grades*** : le premier grade est celui de l'*apprenti*, qui reçoit une formation professionnelle et qui, après un examen, peut accéder au grade de *compagnon*, c'est-à-dire de travailleur rétribué

par un (faible) salaire. Ce n'est qu'après la réalisation d'un « chef-d'œuvre » que le compagnon peut accéder au grade de *maître*, à condition de verser des droits d'entrée. Cela est la théorie. Dans la pratique, depuis le XVIe siècle, l'accès à la maîtrise est de plus en plus coûteux, et la maîtrise se transmet quasiment de père en fils. Les corporations exercent un ***monopole*** de la profession. ***Il faut être agréé par la corporation pour pouvoir exercer le métier***, car la liberté du commerce et de l'industrie n'existe pas.
Il en est de même pour la ***manufacture***, qui ne peut se créer sans ***autorisation royale***.

2. La vie économique et les relations de travail

À cette époque, la France ne connaît pas les concentrations d'entreprises et, dans le domaine agricole, les exploitations sont petites. Seul peut-être le monde maritime fait exception à la règle, avec les grandes compagnies (Compagnie de l'Orient…).
Les ***métiers libres***, par ailleurs, regroupent les secteurs de la banque et de l'agriculture, pour lesquels la liberté d'établissement est totale.
Les relations de travail sont toujours ***individuelles***, et chaque corporation a sa propre réglementation. Un contrat est passé, qui détermine le montant maximum du salaire, la durée du travail, etc. En théorie, le droit ignore le regroupement. Il n'y a pas de syndicats, par exemple. Mais, dans la pratique, le ***compagnonnage*** existe et concurrence de plus en plus les corporations. Ce groupement va imposer des conditions au maître, concernant notamment la durée du travail ou le montant du salaire.
La France connaît ce régime jusqu'à la Révolution de 1789.

B– 1789-1840 : le libéralisme

1. La relation de travail

L'idéologie révolutionnaire est individualiste, égalitaire, libérale. Elle va imposer la fin des corporations. Elle pose le principe fondamental de la liberté du travail.
Le ***décret d'Allarde*** (2-17 mars 1791) dispose : « *Il sera libre à toute personne d'exercer telle profession ou métier qu'elle trouvera bon…* ».
Tout travailleur est maintenant libre de travailler. Tout patron est libre de recruter qui bon lui semble. On affirme le principe de ***l'autonomie en matière contractuelle***. L'État n'intervient pas, car c'est la volonté individuelle qui crée le contrat (art. 1134 du Code civil).

La loi Le Chapelier (14-17 juin 1791) interdit les groupements professionnels et les coalitions. L'employeur et le travailleur sont en relation directe, ce dernier étant isolé et dépourvu de protection. Le Code pénal réprime toute coalition, toute association non autorisée de plus de vingt personnes.
Le seul moteur de l'économie est désormais l'initiative privée, individuelle.

2. Les conséquences

Si la croissance économique est fortement stimulée par le développement industriel de cette période libérale, les conséquences de ce régime seront désastreuses pour la classe ouvrière. Les travailleurs reçoivent des salaires insuffisants. Ils ne bénéficient d'aucune protection. Certains auteurs (Rivero) ont évoqué « *l'incroyable misère de la classe ouvrière* ».
Les journées de travail sont longues, et tout le monde travaille, y compris les femmes et les enfants. De surcroît, la loi du 22 germinal an XI impose le ***livret ouvrier***, dans lequel sont inscrits tout embauchage ou départ du travailleur. Ce livret est un moyen de pression efficace pour le patron : les déplacements de main-d'œuvre sont ainsi étroitement contrôlés.

C– Du milieu du XIXe siècle à la Seconde Guerre mondiale : l'organisation du mouvement ouvrier

1. Des réactions ouvrières limitées

Au XIXe siècle, la grande industrie se développe. La concurrence est rude. Les patrons cherchent à préserver leurs profits tandis que les travailleurs acceptent n'importe quelles conditions de travail afin de ne pas rester sans emploi.
Il y aura quelques grèves, notamment à Paris et à Lyon, mais la répression sera telle que ces mouvements resteront limités.
Pourtant, dans ce « **désert social** », selon l'expression de A. Mazeaud, les ***premières préoccupations sociales*** apparaissent : la première loi sociale, celle du 22 mars 1841, interdit le travail des enfants de moins de huit ans ; elle ne sera jamais appliquée.
La révolution de 1848 tente d'apporter quelques réformes, comme la limitation de la journée de travail à dix heures pour les adultes ; mais elles non plus ne recevront pas de suite.

2. La fin du XIXe siècle : les premières lois sociales

Il faudra attendre les années 1880 pour que les pouvoirs publics décident d'apporter des remèdes à la misère ouvrière. À cette époque en effet, le climat idéologique est propice : des attaques virulentes sont portées par les marxistes et le courant socialiste contre le système capitaliste qui a généré cette misère. L'État va alors intervenir dans la réglementation du travail.
Des lois et accords vont ***faciliter l'action ouvrière*** et améliorer la condition des travailleurs :

- La loi du 21 mars 1884 reconnaît la liberté d'association professionnelle. Travailleurs et employeurs peuvent former des ***syndicats***.
- La loi du 9 avril 1898 garantit le salarié contre les risques d'***accidents du travail***.
- La loi du 13 juillet 1906 réglemente la ***durée du travail***, en imposant un ***repos hebdomadaire***.
- En 1936, les ***accords Matignon***, conclus entre la CGT (Confédération générale du travail) et la CGPF (Confédération générale du patronat français), établissent les ***bases du droit du travail collectif***. À cette époque, la *convention collective* devient source de droit, les *procédures obligatoires de règlement des conflits collectifs de travail* (la conciliation, l'arbitrage) sont instaurées, les *délégués du personnel* apparaissent, la *semaine de 40 heures* et les *congés payés* transforment les conditions de vie des travailleurs.

D– De 1945 à nos jours : l'ère des acquis sociaux

1. Les nouvelles relations de travail

À partir de 1945, le droit du travail va connaître un essor : on va privilégier la ***formation ouvrière***, la ***participation***. Mais, depuis le milieu des années 1970, le droit du travail est aussi mis en accusation car il fait peser trop de contraintes sur l'entreprise.

▶ **Le préambule de la Constitution de 1946** évoque les « *principes économiques et sociaux particulièrement nécessaires à notre temps* », le droit de grève, le droit syndical, le droit à la négociation collective.
Sur cette base, les décennies qui suivent la Seconde Guerre mondiale seront une période fondamentale, riche en mutations. Le salarié va pouvoir prendre progressivement la parole dans l'entreprise. ***Le droit du travail*** se détache du droit civil et ***affirme son particularisme***.

▶ **Depuis la crise de mai 1968**, on négocie, on légifère afin d'améliorer les conditions de travail. En mai 1968, les accords de Grenelle, signés entre le gouvernement, le patronat et les syndicats, reconnaissent la section syndicale et les ***délégués syndicaux*** dans l'entreprise.
Mais depuis 1974, la « garantie de l'emploi » est menacée, et le chômage ne cesse de croître.

2. Les principales lois

À partir de la fin des années 1970, face à la crise, commence à se poser la question du poids des acquis sociaux. En 1981, le pays connaît une alternance politique, avec l'élection d'un président et d'une Assemblée socialistes. L'option sociale sera alors réaffirmée, en dépit d'un contexte économique difficile.

▶ **Les lois Auroux, adoptées en 1982**, sont les textes les plus connus de la période. Le ministre du Travail, J. Auroux, veut faire des travailleurs des ***citoyens dans l'entreprise*** :

- L'ordonnance du 16 janvier modifie la ***durée du travail***, qui passe de 40 à ***39 heures*** de travail hebdomadaire.
- Celle du 5 février concerne le ***travail précaire***. Certains souhaitaient la disparition du travail précaire, mais, conscient de son utilité économique, le législateur a retenu une solution modérée consistant à en ***limiter le recours*** à *l'exécution d'une tâche précise et temporaire*.
- La loi du 4 août donne aux salariés un ***droit d'expression directe et collective*** sur leurs conditions de travail (règlement intérieur, droit disciplinaire).
- La loi du 13 novembre développe la ***négociation collective***.
- Celle du 23 décembre renforce les pouvoirs du ***Comité d'hygiène, de sécurité et des conditions de travail (CHSCT)***, qui associe employeur et salariés pour promouvoir la sécurité dans l'entreprise et l'amélioration des conditions de travail.

▶ L'alternance de 1986-1988 ne remettra pas ces textes en question. Certains veulent y voir une certaine stabilité. En réalité, c'est que l'effort se concentre désormais sur ***l'emploi***, qui est au centre des préoccupations des années 1990. La lutte contre le chômage est à l'origine de la **loi du 13 juin 1998 relative à l'abaissement de la durée légale du travail**, qui devait permettre la création d'emplois. La **loi du 19 janvier 2000 relative à la réduction négociée de la durée du travail** complète le dispositif. La loi du 3 janvier 2003, moins d'un an après la promulgation de la loi du 17 janvier 2002 dite de modernisation sociale, a suspendu, en principe pour dix-huit mois, certaines de ses dispositions relatives à la procédure

de licenciement économique, et modifié quelques articles en matière de harcèlement moral. La loi du 18 janvier 2005 abroge les dispositions ainsi suspendues.
L'accord national en matière de droit individuel à la formation a été intégré au Code du travail par la **loi du 4 mai 2004 « relative à la formation professionnelle tout au long de la vie et au dialogue social »**. Ce texte réforme non seulement la formation professionnelle mais aussi le droit de la négociation collective. Aux termes de la loi n° 2007-130 du 31 janvier 2007 de modernisation du dialogue social, « Tout projet de réforme envisagé par le gouvernement qui porte sur les relations individuelles et collectives de travail, l'emploi, la formation professionnelle… fait l'objet d'une concertation préalable… »
La loi n° 2008-596 du 25 juin 2008 portant modernisation du marché du travail retranscrit certaines mesures adoptées dans le cadre de l'accord national interprofessionnel conclu le 11 janvier 2008.
La loi n° 2008-789 du 20 août 2008 portant rénovation de la démocratie sociale et réforme du temps de travail est l'aboutissement de la négociation interprofessionnelle relative à la représentativité syndicale et au financement du syndicalisme, qui s'est déroulée du 24 février au 9 avril 2008.
De nombreux aspects de la formation professionnelle ont fait l'objet de modifications importantes. La loi n° 2009-1437 du 24 novembre 2009 relative à l'orientation et à la formation professionnelle tout au long de la vie reprend en partie l'accord national interprofessionnel du 7 janvier 2009 négocié par les partenaires sociaux.
Le télétravail est désormais codifié. L'article 46 de la loi n° 2012-387 du 22 mars 2012 relative à la simplification du droit et à l'allégement des démarches administratives introduit une section 4 dans le Code du travail relative au télétravail.
La loi n° 2012-37 du 19 mars 2012 relative à l'organisation du service et à l'information des passagers dans les entreprises de transport aérien de passagers et à diverses dispositions dans le domaine des transports, transpose et adapte au secteur du transport aérien le dispositif mis en place par la loi n° 2077-1224 du 21 août 2007 dans les transports terrestres de voyageurs.
Instauré par la loi n° 2012-1189 du 26 octobre 2012, le dispositif sur les emplois d'avenir doit faciliter l'insertion professionnelle des jeunes peu ou pas qualifiés, âgés de 16 à 25 ans rencontrant des difficultés particulières d'accès à l'emploi.
La loi n° 2013-185 du 1er mars 2013 portant création du contrat de génération a pour objectif de faciliter l'intégration des jeunes dans l'emploi par leur accès à un contrat à durée indéterminée, de favoriser l'embauche et le maintien en emploi des salariés âgés et d'assurer la transmission des savoirs et des compétences (art. L. 5121-6).
Enfin, après une négociation qui aura duré trois mois, les partenaires sociaux sont parvenus à un accord le 11 janvier 2013 « pour un nouveau modèle économique et social au service de la compétitivité des entreprises et de la sécurisation

de l'emploi et des parcours professionnels des salariés ». Issue de cet accord, la loi n° 2013-504 du 14 juin 2013 relative à la sécurisation de l'emploi, crée de nouveaux droits pour les salariés, lutte contre la précarité dans l'emploi et dans l'accès à l'emploi, encadre les licenciements économiques notamment.
Outre la loi n° 2014-288 du 5 mars 2014 relative à la formation professionnelle, à l'emploi et à la démocratie sociale, il faut citer la loi n° 2014-384 du 29 mars 2014, dite « loi Florange », visant à reconquérir l'économie réelle qui met à la charge de l'employeur de nouvelles obligations en vue de la recherche d'un repreneur en cas de projet de fermeture d'un établissement, et la loi n° 2014-873 du 4 août 2014 pour l'égalité réelle entre les femmes et les hommes, ainsi que le projet de loi relatif au dialogue social et à l'emploi du 22 avril 2015 et celui pour la croissance, l'activité et l'égalité des chances économiques du 11 décembre 2014.

II. Les sources du droit du travail

A– Les sources internationales

Elles se composent, d'une part, des ***traités et conventions***, et d'autre part, du ***droit communautaire***.

1. Les traités et conventions

→ Le domaine

▸ **Les traités.** Ce sont des ***accords conclus entre deux ou plusieurs États*** (c'est-à-dire bilatéraux ou multilatéraux) sur un objet déterminé. Par exemple : le traité du 25 mars 1957 relatif à la CEE et à la liberté d'établissement.

▸ **Les conventions.** Les conventions internationales du travail sont élaborées par un organisme international, la ***Conférence internationale du travail***, et sont ouvertes à ratification sous l'égide de l'***Organisation internationale du travail*** (***OIT***). L'OIT se compose de trois structures : la *Conférence internationale du travail* (avec des représentants de tous les pays membres), le *bureau* et le *conseil d'administration.* C'est à la Conférence que revient la charge d'élaborer et adopter les conventions internationales du travail. Ces textes sont de portée théorique absolue. Mais toute convention doit être ***ratifiée*** afin de rentrer dans l'ordre juridique interne des États.

→ La règle applicable à la relation de travail

Le droit international du travail est pratiquement né en même temps que le droit du travail lui-même. Une ***certaine harmonisation sur le plan international*** est en

effet apparue indispensable pour éviter que de trop grandes disparités dans les législations ne viennent fausser la concurrence entre les pays.
Par ailleurs, les relations de travail présentent fréquemment aujourd'hui une ***dimension internationale***. Des salariés peuvent être embauchés et travailler hors de leur pays d'origine. Un salarié peut être détaché par son employeur, pour une période plus ou moins longue, dans un emploi à l'étranger. La question se pose alors de savoir comment déterminer le droit applicable à de telles situations. Il convient de préciser la règle de conflit de loi dans un premier temps, puis les conceptions en présence.

▶ **La règle de conflit de loi.** Lorsqu'un contrat présente un caractère international, il peut y avoir ***conflit*** ou ***incertitude sur les règles*** à appliquer. Pour déterminer la loi applicable au contrat de travail, il faudra alors se référer à des ***éléments de rattachement*** : *nationalité des parties, lieu de conclusion, lieu d'exécution du contrat.*

▶ **Les conceptions en présence.** À ce propos, deux conceptions s'opposent :

- La première admet que le contrat de travail est en principe régi par la loi du lieu où le travail est exécuté. C'est la ***compétence du lieu d'exécution***. En l'absence de choix des parties en faveur d'une loi lors de l'envoi d'un salarié à l'étranger, la Cour de cassation s'en remet à la loi du lieu d'exécution habituelle du travail. Les dispositions de la ***convention de Rome du 19 juin 1980 relative à la loi applicable en matière d'obligations contractuelles*** rappellent par ailleurs la « *compétence de la loi du pays où le travailleur, en exécution de son contrat, accomplit habituellement son travail même s'il est détaché à titre temporaire dans un autre pays* ».
- Selon une seconde conception, la loi applicable est ***celle que les parties ont choisie***, mais à la condition que cette loi soit ***plus favorable au salarié*** que celle qui se serait appliquée sans leur choix (à savoir la loi du lieu d'exécution du contrat de travail).

La jurisprudence est incertaine, mais il semble que cette dernière conception soit privilégiée. En matière de contrat de travail, le principe est la loi d'autonomie, c'est-à-dire la ***loi choisie par les parties***, et ce n'est qu'à défaut de choix des parties que la loi du lieu d'exécution l'emporte.

2. Le droit communautaire

Les années 1970-1980 se sont caractérisées par un développement du droit communautaire en matière sociale. Toutefois, un problème de conciliation entre objectifs se pose, certains considérant la réglementation sociale comme un frein au développement économique européen.

→ Les grandes étapes de la construction sociale européenne

- En février 1986, l'***Acte unique*** adopté par les États membres de la Communauté encourage le dialogue social européen.
- Le 9 décembre 1989 est adoptée la ***Charte communautaire des droits sociaux fondamentaux***. Elle s'inspire des textes existants, notamment de la Charte sociale européenne, ratifiée en 1972, qui concerne les droits accordés aux salariés.
- Le 7 février 1992 est signé le ***traité de Maastricht***, qui contient un ***protocole*** (refusé par le Royaume-Uni) ***sur la politique sociale***.

L'article 1er de ce protocole rappelle que : « *La Communauté et les États membres ont pour objectif la promotion de l'emploi, l'amélioration des conditions de vie et de travail, une protection sociale adéquate, le dialogue social, le développement des ressources humaines permettant un niveau d'emploi durable et élevé et la lutte contre les exclusions.* » Mais l'article 2 précise que les directives évitent d'imposer des contraintes administratives, financières et juridiques afin de ne pas contrarier la création des PME.

Le droit européen du travail résulte de nombreuses directives : égalité professionnelle entre les hommes et les femmes, sécurité du travail, etc.

→ Droit communautaire et droit français

On peut admettre que le droit français du travail est marqué par le droit communautaire (normes rarement très contraignantes), par la jurisprudence de la ***Cour de justice de l'Union européenne*** (CJUE), autrefois CJCE. Celle-ci ne tranche pas le litige, mais, saisie de ***recours en interprétation***, indique le sens à donner à un texte communautaire. Elle est donc à ce titre souvent créatrice de droit, et peut quelquefois mettre en difficulté certaines politiques nationales (par exemple, la fameuse décision du 25 juillet 1991, *Stoeckel*, qui juge que l'interdiction française du travail de nuit des femmes est contraire au principe de l'égalité professionnelle telle que la conçoit la CJCE, celle-ci estimant que la ***directive européenne du 9 juillet 1976*** relative à l'égalité de traitement crée à la charge des États « *l'obligation de ne pas poser en principe législatif l'interdiction du travail de nuit des femmes* »).

Fin septembre 1997 a été signé le ***traité d'Amsterdam***, adopté en juin 1997 par les chefs d'État et de gouvernement. Un chapitre sur l'emploi a été introduit sur l'insistance de la France. On peut tout de même penser que l'Europe sociale sera lente à se constituer, compte tenu des grandes différences observables en matière de relations professionnelles d'un État à l'autre.

Le 7 décembre 2000 a été proclamée, à Nice, la Charte des droits fondamentaux de l'Union européenne.

B– Les sources nationales

Les sources nationales du droit du travail sont la ***Constitution***, la ***loi***, le ***règlement***, la ***jurisprudence*** et, enfin, les ***sources professionnelles***.

1. La Constitution

Certes, la Constitution de la Ve République (adoptée le 4 octobre 1958) ne comporte pas de dispositions expresses concernant le droit du travail, mais ***elle se réfère au Préambule de celle de 1946,*** qui énonce des dispositions générales concernant le droit au travail, la liberté du droit syndical, le droit de grève. Elle peut ainsi fonder, plus ou moins indirectement, des décisions de justice, non seulement du juge administratif mais aussi du juge civil, rendues sur la base des principes généraux du droit déduits du texte de la Constitution. Le Conseil constitutionnel exerce un contrôle sur la conformité de la loi à l'ensemble de ces principes.

2. La loi et le règlement

→ La loi

C'est la source essentielle du droit du travail, car depuis la naissance de ce droit, seul le législateur a pu interdire le travail des enfants de moins de douze ans, intervenir sur les questions relatives à la durée du travail, aux congés, etc. ; l'article 34 de la Constitution de 1958, qui limite le domaine de la loi à des matières limitativement énumérées, a cependant modifié l'impact de la loi comme source du droit.

→ Le règlement

Depuis 1958, la source réglementaire a pris une importance considérable en droit du travail (formation professionnelle, réglementation du travail...).
Les décrets sont nombreux. On distingue les ***décrets autonomes***, qui sont pris par les autorités administratives dans le cadre de leur autorité propre, et les ***décrets d'application***, qui visent à assurer l'application d'une loi.

→ La codification des dispositions législatives et réglementaires : le Code du travail

C'est entre 1910 et 1927 que l'on a entrepris la compilation des textes qui étaient depuis 1841 la source du droit du travail. Mais cet ouvrage était devenu illisible. Il fallait ordonner l'ensemble : un Code du travail est entré en vigueur le 15 novembre 1973. Il a été depuis lors constamment mis à jour. Pourtant, la réécriture de certaines dispositions, la scission d'articles volumineux s'avéraient nécessaires. Une « modernisation à droit constant » a été choisie. Un nouveau Code du travail est entré en vigueur le 1er mai 2008.

3. La jurisprudence

Il appartient à la ***chambre sociale de la Cour de cassation*** d'assurer l'unité de la jurisprudence en matière prud'homale. Autrefois, son rôle était important car on légiférait peu en droit du travail, à l'inverse de ce qui se passe aujourd'hui.
On peut distinguer la jurisprudence prud'homale, celle des juridictions répressives, et celle des tribunaux administratifs et du Conseil d'État.

- **La jurisprudence prud'homale.** Elle est issue des litiges individuels du travail jugés par le conseil de prud'hommes. Mais cette jurisprudence est mal publiée, mal connue.
- **La jurisprudence des juridictions répressives** (tribunaux correctionnels, chambre criminelle de la Cour de cassation). C'est une source essentielle du droit aujourd'hui. Le droit du travail est un droit qui se pénalise (le contentieux est important : par exemple, un procès-verbal est dressé par l'inspecteur du travail, il est ensuite transmis au parquet ; les syndicats peuvent se constituer partie civile…)
- **La jurisprudence des tribunaux administratifs et du Conseil d'État.** L'État intervient dans les relations privées, et les décisions de l'administration en matière de droit du travail sont nombreuses.

Les tribunaux administratifs vérifient la légalité des actes réglementaires ou individuels. La juridiction administrative est compétente pour se prononcer, par exemple, sur les décisions prises par l'administration du travail concernant le fonctionnement des institutions représentatives dans l'entreprise, leur implantation, etc.

4. Les sources professionnelles

La profession sécrète également ***son propre droit***, aussi doit-on se demander comment sont résolus les éventuels ***conflits entre normes***.

→ Le droit de la profession

Le droit produit par la profession elle-même comprend les usages, le règlement intérieur, les conventions collectives, le contrat de travail.

- **Les usages.** L'usage est la ***répétition d'un certain comportement face à une situation donnée***. Cela finit par former une habitude qui est acceptée par le milieu comme étant une règle de droit. Le législateur fait souvent référence aux usages comme source de droit du travail. L'usage prépare la règle de droit. Il est créé dans un secteur, puis repris ensuite par voie de convention collective. À titre d'exemple, on peut citer le ***préavis***. Jusqu'en 1928, il était coutumier : c'était la rupture prochaine dans les relations de travail. La loi l'a ensuite repris à son propre compte.

L'usage s'impose aux parties et au juge. Mais il faut ***faire la preuve de cet usage***. Il existe des ***recueils d'usages***, que des commissions mettent régulièrement à jour.

- **Le règlement intérieur.** C'est un document par lequel le chef d'entreprise fixe les règles en matière de sécurité et de discipline dans son entreprise.
- **Les conventions collectives.** La convention collective est la ***charte de la profession***. Cet accord est conclu entre un ou plusieurs employeurs et des représentants des salariés (les syndicats représentatifs).
- **Le contrat de travail.** C'est l'accord conclu entre un employeur et un salarié.

➜ Les conflits entre normes

La question qui se pose est de savoir ce qui se passe si une norme est en contradiction avec une autre. On relève que les normes relatives au travail sont d'ordre public.

- Elles forment un « minimum social », un **ordre public social** qui répond à la préoccupation de protection des salariés dans la relation de travail. Aussi ne peut-on déroger à cet ordre *que dans un sens plus favorable aux salariés* : par exemple, s'agissant du SMIC, le contrat de travail peut prévoir des *minima* supérieurs, mais pas inférieurs au SMIC.
- Cependant, certains textes sont d'**ordre public absolu**, c'est-à-dire qu'on ne peut transgresser la norme qui en relève (exemple : la compétence du conseil de prud'hommes). *Il ne peut y avoir d'arrangements à ce propos*, que ce soit dans un sens plus ou moins favorable au salarié.
- Mais, dans certains domaines, de façon limitée (aménagement du temps de travail), la loi devient supplétive : c'est **l'ordre public dérogatoire** ou supplétif. On peut déroger à la loi, *mais seulement par convention ou accord collectif*. Ainsi, l'article L. 3122-47 du Code du travail prévoit qu'« *il peut être dérogé par convention ou accord collectif étendu... aux dispositions des décrets mentionnés à l'article L. 3121-52 relatives : 1. à l'aménagement et à la répartition des horaires de travail à l'intérieur de la semaine, 2. aux périodes de repos, 3. aux modalités de récupération des heures de travail perdues lorsque la loi permet cette récupération* ».

La Cour de cassation a rappelé dans des arrêts récents : « *Vu le principe fondamental en droit du travail selon lequel en cas de conflits de normes, c'est la plus favorable aux salariés qui doit recevoir application...* » (Cass. soc., 17 juillet 1996, *JCP*, 1997.

II.22798 ; 8 octobre 1996, *JCP*, 1996, IV, 2310). La Cour refuse ainsi de considérer l'autorité respective des normes en conflit (loi, convention collective ou usage) : c'est la norme qui apparaît ***la plus favorable aux salariés*** qui doit l'emporter. Mais la question se pose de savoir comment identifier cette norme, par exemple en matière de repos hebdomadaire, de congés payés. Cela suppose une exacte appréciation des avantages et des inconvénients, ce qui est parfois très délicat.

III. Les instances de contrôle en droit du travail

Ce n'est qu'au XVIIIe siècle qu'est apparue une institution très particulière, le ***conseil de prud'hommes*** (A), qui est une juridiction à caractère professionnel. Mais ***d'autres juridictions*** interviennent (B). Enfin, il existe une autre instance de contrôle : l'***inspecteur du travail*** (C).

A- Le conseil de prud'hommes (art. L. 1411-1 et s.)

Le conseil de prud'hommes a pour fonction de ***concilier*** les parties et, en cas d'échec, de ***juger les conflits*** qui s'élèvent à l'occasion du contrat individuel de travail (licenciement, indemnité de départ...). Ils exercent leurs fonctions en toute indépendance, impartialité, dignité et probité et se comportent de façon à exclure tout doute légitime à cet égard (art. L. 1421-2). Ils sont tenus au secret des délibérations.

Avant d'étudier la procédure applicable devant les conseils de prud'hommes, il faut dire un mot de leur organisation et de leur compétence.

1. Organisation des conseils de prud'hommes

Le conseil de prud'hommes est une ***juridiction paritaire*** composée pour moitié de représentants des employeurs et pour moitié de représentants des salariés : ce sont les ***conseillers prud'hommes***. Ces conseillers, salariés et employeurs, sont élus respectivement par leurs pairs tous les cinq ans (art. L. 1442-3), et sont rééligibles. Les conseillers prud'hommes bénéficient d'une protection spécifique contre le licenciement (art. L. 1442-19, L. 2411-22).

Cette juridiction comporte ***cinq sections*** : encadrement, industrie, commerce, agriculture et activités diverses. Chacune comprend un *bureau de conciliation* et un *bureau de jugement* (art. R. 1423-34).

Le bureau de jugement se compose de deux conseillers prud'hommes employeurs et de deux conseillers prud'hommes salariés (art. L. 1423-12).
Le bureau de conciliation et d'orientation, la formation de référé et le bureau de jugement dans sa composition restreinte se composent d'un conseiller prud'homme employeur et d'un conseiller prud'homme salarié (art. L. 1423-13).
Les conseillers prud'hommes suivent une formation initiale à l'exercice de leurs fonctions juridictionnelles et une formation continue (art. L. 1442-1).
Tout manquement à ses devoirs dans l'exercice de ses fonctions par un conseiller prud'homme est susceptible de constituer une faute disciplinaire (art. L. 1442-13, dans le cadre du projet de loi pour la croissance, l'activité et l'égalité des chances économiques).
En cas de partage des voix des conseillers, ceux-ci se réunissent à nouveau sous la présidence d'un magistrat, ***le juge départiteur*** (art. L. 1454-2, R. 1454-29), autrefois du tribunal d'instance, désormais du tribunal de grande instance, selon le projet de loi pour la croissance, l'activité et l'égalité des chances économiques.
On notera que l'essentiel du contentieux est lié au licenciement.

2. La compétence

L'article L. 1411-1 du Code du travail rappelle que les conseils de prud'hommes ***règlent les différends qui peuvent s'élever à l'occasion de tout contrat de travail***, et l'article L. 1411-3 précise que leur mission comme conciliateurs et comme juges s'applique également aux différends nés entre salariés à l'occasion de leur travail.
Ils ont compétence exclusive pour les litiges qui relèvent de leur juridiction : un différend de la compétence du conseil de prud'hommes ne peut être tranché incidemment par une autre juridiction (Soc., 20 juillet 1983, *D.*, 1984.230). ***La compétence prud'homale est d'ordre public***, c'est-à-dire que le contrat de travail ou la convention collective ne peuvent y déroger.
S'il y a un problème pour répartir les affaires entre les différentes sections d'un conseil, c'est le président qui désigne la section compétente.

3. La procédure

Elle est ***gratuite***. Il n'y a pas d'avocat obligatoire. Un défenseur syndical exerce des fonctions d'assistance ou de représentation devant les conseils de prud'hommes (art. L. 1453-4). Le conseil est saisi soit par une demande, soit par la présentation volontaire des parties devant le bureau de conciliation (art. R. 1452-1).
La demande est formée au greffe du conseil de prud'hommes (art. R. 1452-2), et le greffe convoque le défendeur devant le bureau de conciliation (art. R. 1452-4).

L'affaire vient alors devant le ***bureau de conciliation et d'orientation*** pour une tentative d'accord, et des mesures provisoires peuvent être prises. Le bureau de conciliation et d'orientation est chargé de concilier les parties (art. L. 1454-1).
La phase de conciliation est un ***préliminaire obligatoire***. Le bureau de conciliation et d'orientation entend les parties et établit un procès-verbal constatant le résultat de la conciliation. Lorsque celle-ci échoue, le bureau de conciliation et d'orientation peut renvoyer les parties avec leur accord devant le bureau de jugement dans sa composition restreinte si le litige porte sur un licenciement ou une demande de résiliation judiciaire du contrat de travail ; il peut renvoyer les parties, si elles le demandent ou si la nature du litige le justifie, devant le bureau de jugement mentionné à l'article L. 1423-12. À défaut, l'affaire est renvoyée devant le bureau de jugement mentionné à l'article L. 1423-12 (art. L. 1454-1-1, projet de loi pour la croissance, l'activité et l'égalité des chances économiques).
Concernant le licenciement, en cas de litige, lors de la conciliation prévue à l'article L. 1411-1, l'employeur et le salarié peuvent convenir ou le bureau de conciliation proposer de mettre un terme au litige par accord (art. L. 1235-1). L'accord prévoit le versement par l'employeur au salarié d'une indemnité forfaitaire. Le procès-verbal constatant l'accord vaut renonciation des parties à toutes réclamations et indemnités relatives à la rupture du contrat de travail (art. L. 1235-1 al. 2).
Á défaut d'accord le juge forme sa conviction au vu des éléments fournis par les parties (art. L. 1235-1 et 3). Il justifie dans le jugement qu'il prononce le montant des indemnités qu'il octroie (art. L. 1235-1 al. 4).

B– Les autres tribunaux compétents

D'autres tribunaux interviennent en matière de droit du travail : les tribunaux ***civils***, les tribunaux ***répressifs*** et, enfin, les tribunaux ***administratifs***.

1. Les tribunaux civils

On citera le tribunal de commerce, le tribunal d'instance, le tribunal de grande instance.

▶ **Le tribunal de commerce** peut connaître du sort des ***entreprises en difficulté***.

▶ **Le tribunal d'instance.** Il est compétent en matière d'***élection professionnelle***.

▶ **Le tribunal de grande instance.** Il est compétent pour tous les ***litiges collectifs***, car seuls les litiges individuels relèvent de la compétence des conseils de prud'hommes. Mais la tendance de la Cour de cassation est, semble-t-il, d'apprécier la compétence du juge prud'homal de façon plutôt extensive (par exemple, elle estime que la question d'un lock-out qui vise plusieurs non-grévistes relève non pas de la compétence du tribunal de grande instance mais du conseil de prud'hommes, car il s'agit en fait de litiges individuels opposant un employeur à ses salariés). Cependant, c'est le tribunal qui sera saisi en référé pour faire cesser un trouble manifestement illicite (par exemple, pour prononcer l'expulsion de grévistes occupant une entreprise). C'est le demandeur qui doit prouver l'urgence, et obtenir l'ordonnance de référé.

2. Les tribunaux répressifs

Il n'y a pas de crimes spécifiques à la matière, mais cependant beaucoup de contraventions. On peut citer à titre d'exemple les ***infractions concernant la durée du travail*** ; elles sont jugées par le tribunal de police.
De la même façon, après un ***procès-verbal dressé par l'inspecteur du travail***, le tribunal correctionnel est souvent saisi (par exemple, s'il y a une utilisation irrégulière des contrats à durée déterminée). Il faut noter que très souvent, surtout en province, les conséquences sociales viennent s'ajouter aux sanctions financières, dans la mesure où une sanction, quelle qu'elle soit, vient ternir l'image de l'entreprise.
Enfin, le nouveau Code pénal ***rend pénalement responsables les personnes morales***, avec des sanctions spécifiques pour les entreprises (art. 131-7 à 131-49, C. pén.).

3. Les tribunaux administratifs

Compte tenu de la séparation des pouvoirs, seul le juge administratif peut se prononcer sur la validité d'une décision administrative. Or ***l'inspecteur du travail prend des décisions***, par exemple relatives au règlement intérieur (c'est le cas du retrait d'une clause irrégulière), c'est-à-dire des actes qui ***font grief*** soit à l'employeur, soit au salarié. Il est possible à l'un comme à l'autre de saisir la juridiction administrative d'un ***recours pour excès de pouvoir*** (qui vise à l'annulation de la décision prise).
On observe cependant une certaine méfiance vis-à-vis du juge administratif. C'est que l'on connaît mal la justice administrative. Mais il faut savoir que le Conseil d'État a rendu de nombreux arrêts de principe favorables aux salariés, particulièrement en matière de libertés publiques.

C– L'autorité administrative

Les ***organes de l'administration*** interviennent dans les problèmes du travail. En effet, le rôle de l'État s'est accru en matière de travail ; il lui a donc fallu spécialiser ses interventions dans ce domaine. Cela explique le développement d'une véritable administration du travail, disposant d'***organes centraux*** et de ***services extérieurs***.

1. Les organes centraux

Il s'agit du ***ministère du Travail***, dont l'origine remonte au début du siècle, avec le décret du 25 octobre 1906 créant un ministère du Travail et de la Prévoyance sociale. On y trouvait d'une part, les services qui s'occupaient de la sécurité sociale, et d'autre part, ceux qui s'occupaient de la santé.
En fait, selon les volontés politiques des différents gouvernements qui se sont succédé à partir de cette époque, ces deux structures ont été tantôt séparées, tantôt regroupées au sein d'un ministère des Affaires sociales.
Précisons que des ***organes consultatifs*** se rattachent à l'administration centrale : par exemple, la Commission nationale de la négociation collective.

2. Les services extérieurs

C'est ***l'inspection du travail***, dont le rôle est de contrôler l'application de la réglementation du travail et de l'emploi. En effet, il n'y a pas de réglementation sans contrôle effectif, et il est apparu nécessaire de confier cette mission de contrôle à des fonctionnaires spécialisés.

- **Historiquement,** la question de l'inspection du travail s'est posée, en France, dès la loi du 22 mars 1841 sur le travail des enfants de moins de huit ans. Mais, alors que le principe d'une inspection du travail était retenu en Grande-Bretagne, il fut écarté en France. Pourtant, un contrôle de la réglementation sociale naissante apparut rapidement nécessaire. Et, pour que ce contrôle soit effectif, il fallait le confier à des fonctionnaires spécialisés. Un service d'inspection fut créé, mais les inspecteurs se contentaient de simples visites, sans exercer un contrôle véritable. Cette « inspection » fut totalement inefficace s'agissant des mœurs dans l'industrie.
- Il faudra attendre la loi du 19 mai 1874 relative au travail des enfants pour que naisse, enfin, **l'inspection du travail comme corps d'État**. Les inspecteurs sont rétribués par l'État, mais, à l'époque, l'inspection du travail doit fonctionner avec des moyens insuffisants. Les entreprises sont de petite taille et très disséminées : aussi, les moyens en hommes ne suffisent pas.

- **Progressivement, les attributions des inspecteurs vont s'étendre.** Aujourd'hui, la mission et l'organisation de l'inspection du travail sont évoquées aux ***articles L. 8112-1 et suivants du Code du travail.*** La mission est large car les inspecteurs du travail sont notamment chargés de veiller à l'application des dispositions du Code du travail. Ils sont chargés de constater concurremment avec les officiers et agents de police judiciaire les infractions à ces dispositions (art. L. 8112-1). Étudions à présent l'organisation des services et les pouvoirs des inspecteurs du travail.

→ L'organisation des services

- L'inspection du travail est confiée à des **inspecteurs du travail**. Ce sont des fonctionnaires de catégorie A, recrutés par concours. Ils ont pour mission, en dehors de la surveillance qui leur est confiée, d'établir la statistique des conditions du travail dans le secteur qu'ils sont chargés de surveiller (art. R. 8112-3). Des ***contrôleurs du travail***, qui leur sont subordonnés, les aident dans leur tâche.
- Il faut rappeler le rôle de **l'inspection médicale du travail.** Les médecins inspecteurs du travail exercent une action en vue de la ***protection de la santé du travailleur sur le lieu du travail*** (art. L. 8123-1). Ils agissent en liaison avec les inspecteurs du travail et coopèrent avec eux à l'application de la réglementation relative à l'hygiène du travail (art. L. 8123-1 al. 2).
- C'est une loi du 11 octobre 1946 qui organise l'intervention du médecin du travail (art. L. 4622-1 et s.). La protection du salarié est en effet une obligation à la charge de l'employeur. Le service médical surveille les conditions d'hygiène dans l'entreprise. Le médecin du travail peut donner des conseils à l'employeur pour améliorer les conditions de travail des salariés. Il est également habilité à proposer des mesures individuelles telles que mutations ou transformations de postes, justifiées par des considérations relatives à l'âge, à l'état de santé des travailleurs (art. L. 4624-1). L'employeur doit prendre en considération ces propositions. S'il y a un désaccord, ***la décision est prise par l'inspecteur du travail après avis du médecin inspecteur du travail*** (art. L. 4624-1 al. 3).

→ Les pouvoirs de l'inspecteur du travail

Pour mener à bien son contrôle, l'inspecteur du travail dispose d'importants pouvoirs. On mentionnera aussi son rôle de consultation et d'information, qui constitue un aspect plus préventif de sa mission.

▸ L'inspecteur du travail **constate les infractions** à la réglementation du travail ainsi que celles énoncées à l'article L. 8112-2 du Code du travail. En matière d'infractions relatives à ***l'hygiène et à la sécurité*** du travail, il peut mettre en demeure l'employeur de procéder aux aménagements nécessaires (art. L. 4721-1). La mise en demeure est faite par écrit ; elle fixe un délai à l'expiration duquel les infractions devront avoir disparu (art. L. 4721-6). Ce délai ne peut être inférieur à quatre jours. Si la mise en demeure reste sans effet, l'inspecteur du travail peut dresser un ***procès-verbal***, le procureur de la République appréciant ensuite l'opportunité des poursuites. Mais, lorsque les faits constatés présentent un danger grave ou imminent pour l'intégrité physique du travailleur, l'inspecteur ou le contrôleur peut dresser immédiatement procès-verbal (art. L. 4721-5). L'article L. 4732-1 permet même à l'inspecteur du travail de ***saisir le juge des référés*** pour voir ordonner toutes mesures propres à faire cesser ce risque (mise hors service, immobilisation, saisie des matériels, machines…).

▶ L'inspecteur du travail **veille à l'application des dispositions du Code du travail ainsi qu'aux stipulations des conventions et accords collectifs de travail** (art. L. 8112-1).
Il ***peut se faire présenter***, au cours de ses visites, ***l'ensemble des livres, registres et documents*** qui doivent être obligatoirement tenus dans l'entreprise (art. L. 8113-4). En outre, les chefs d'établissement doivent tenir à la disposition de l'inspecteur du travail, pendant un an, les documents qui établissent la ***durée de travail de chaque salarié*** (comptabilisation des heures de travail).
Les inspecteurs disposent d'un ***droit de visite***. Ils peuvent l'exercer dans tous les établissements qui sont soumis à leur contrôle, et l'employeur ne peut empêcher ces contrôles – il s'exposerait dans ce cas à des sanctions pénales.
En contrepartie des importantes prérogatives dont ils disposent, les inspecteurs sont soumis au ***secret professionnel*** : notamment, ils ne doivent en aucun cas révéler les éventuels secrets de fabrication dont ils peuvent avoir connaissance lors de leurs contrôles, sans quoi ils s'exposeraient à des poursuites pour violation du secret professionnel.

▶ Les inspecteurs du travail peuvent être **consultés sur l'interprétation des textes**. Ils ont un rôle de **conseil**, ils reçoivent et renseignent les personnes qui le désirent.

Aujourd'hui, toute règle nouvelle en droit du travail s'inscrit dans la perspective d'une politique de l'emploi. On parle de soutien à l'emploi. Il s'agit de mesures qui font obstacle au licenciement, ou qui facilitent l'embauche. Depuis quelques années, l'expression « partage du travail » est de plus en plus employée : c'est l'idée selon laquelle il faut travailler moins pour travailler tous. Le droit du travail doit, en fait, faire cohabiter des intérêts souvent divergents : protéger le salarié, mais ne pas ignorer l'entreprise, car c'est elle qui crée l'emploi.

chapitre 2

Le cadre de travail

Le cadre de travail est d'abord fixé à l'échelle nationale, c'est pourquoi nous commencerons par évoquer la ***politique de l'emploi*** (1). Mais le cadre de travail au sens strict, c'est bien entendu ***l'entreprise, et le personnel qui la compose*** (2). Au niveau de l'entreprise elle-même, c'est ***l'employeur*** qui est responsable du cadre de travail (3).

I. La politique de l'emploi

Pendant longtemps, le droit du travail a été perçu comme le cadre visant à la protection des salariés. Or il est apparu que ce droit avait des effets négatifs sur l'emploi, et n'était plus seulement protecteur des salariés. Désormais, les règles du droit du travail s'inscrivent dans une politique de l'emploi, et depuis peu on connaît l'expression « *partage du travail* ».

Nous présenterons tout d'abord la ***politique de protection de l'emploi*** (A), sur un plan global (les politiques en faveur de l'emploi) et sur le plan individuel (la protection des libertés). Mais la politique de l'emploi a aussi pour objet ***l'insertion professionnelle***. Elle est ainsi largement liée à celle de l'enseignement, de l'éducation, qui vise à ***l'amélioration de l'emploi*** (B).

A– Le cadre juridique de l'emploi

Aujourd'hui, l'État intervient dans deux directions : **1°)** pour tenter de ***stimuler le marché de l'emploi*** dans le cadre de sa mission de promotion du droit au travail, **2°)** en encadrant, dans un souci de protection du salarié, la ***liberté de l'employeur, notamment au moment de l'embauche***.

1. L'action des pouvoirs publics sur le marché de l'emploi

→ L'affirmation du droit au travail

Au XIXe siècle, est affirmé le ***principe de liberté du commerce et de l'industrie, ainsi que du travail.*** Chacun peut librement choisir son emploi, mais l'employeur peut refuser l'embauche à telle ou telle catégorie de travailleurs. Beaucoup de travailleurs se sont ainsi vus dans l'impossibilité de trouver un emploi.

Revendication syndicale d'abord, le ***droit au travail sera affirmé dans le préambule de la Constitution de 1946,*** selon lequel « chacun a le droit d'obtenir un emploi ». Cela ne signifie pas pour autant que celui qui est sans travail puisse exiger que l'État lui en trouve un. Mais cela fonde la mission de l'État qui consiste à ***intervenir sur le marché du travail*** pour tenter d'établir un équilibre entre l'offre et la demande d'emplois.

→ L'évolution préoccupante du marché du travail en France

L'évolution du droit du travail a été déterminée ces dernières années par ***l'aggravation du chômage.*** La situation du marché du travail est très critique. Depuis le début des années 1970 et le premier choc pétrolier, le chômage ne cesse de croître, et cette situation a entraîné une remise en question du droit du travail. Certains auteurs ont évoqué à ce propos « *l'effondrement du droit du travail* » (G. Lyon-Caen, *Le Monde* du 31 octobre 1978).

Au schéma traditionnel, celui d'une relation de travail durable, se sont en effet substitués la précarisation de l'emploi, le développement du travail temporaire, le recours aux contrats de travail à durée déterminée. Le noyau de l'entreprise éclate, et l'on fait de plus en plus volontiers appel à la sous-traitance. Dans le même temps, le nombre de ceux qui se trouvent dans une situation précaire, qui sont privés des garanties du droit du travail, augmente.

→ Le service public de l'emploi

▸ Jusqu'en 1945, le marché de l'emploi était libre. C'est l'ordonnance du 24 mai 1945 qui a proclamé le monopole des services de l'État pour le placement des travailleurs. Ce monopole est désormais supprimé. Aujourd'hui, le **service public de l'emploi** a pour mission l'accueil, l'orientation, la formation et l'insertion ; il comprend le placement, le versement d'un revenu de remplacement, l'accompagnement des demandeurs d'emploi et l'aide à la sécurisation des parcours professionnels de tous les salariés (art. L. 5311-1). Par ailleurs, toute personne de droit privé dont l'activité principale consiste à fournir des services de placement en fait la déclaration préalable à l'autorité administrative (art. L. 5323-1). L'agence de placement privée doit adresser régulièrement à l'autorité administrative des renseignements d'ordre statistique sur son activité de placement.

En principe, la vente d'offres ou de demandes d'emploi, quel que soit le support utilisé, est interdite. Toutefois, cette interdiction ne fait pas obstacle à l'insertion, à titre onéreux, d'offres ou de demandes d'emploi dans une publication ou un autre moyen de communication payant, et les journaux consacrent une place plus ou moins grande aux offres d'emploi. Toute offre d'emploi publiée ou diffusée doit être datée (art. L. 5332-1). L'employeur doit faire connaître au directeur du journal tous renseignements sur son entreprise (art. L. 5332-2), et il ne faut pas, entre autres, que figurent des allégations fausses sur le salaire ou le lieu du travail (art. L. 5331-3).

▶ **Le Pôle emploi**. Autrefois, le placement était assuré par l'ANPE, établissement public créé en 1967. Il y a désormais un service public de l'emploi (art. L. 5311-2). Issu de la fusion ANPE-ASSEDIC, le Pôle emploi est le nouvel opérateur du service public de l'emploi. Il est assuré par :
- les services de l'État chargés de l'emploi et de l'égalité professionnelle ;
- l'institution publique mentionnée à l'art. L. 5312-1 (Pôle emploi) ;
- l'association nationale pour la formation professionnelle des adultes.

▶ **Les actions**
- L'institution nationale publique a pour mission de prospecter le marché du travail, informer, orienter, accompagner les personnes à la recherche d'un emploi, favoriser le reclassement, tenir à jour la liste des demandeurs d'emploi, assurer le service de l'allocation d'assurance chômage, recueillir, diffuser les données relatives au marché du travail et à l'indemnisation des demandeurs d'emploi (art. L. 5312-1). L'institution publique travaille en collaboration avec l'APEC pour le placement des cadres.
- Des ***maisons de l'emploi*** contribuent au plan régional, à la coordination des actions menées dans le cadre du service public de l'emploi. Elles participent également à l'accueil, à l'orientation des demandeurs d'emploi, à l'insertion, à l'aide à la création d'entreprise (art. L. 5313-1)

La tendance, depuis quelques années, est de confier les opérations de sélection à des ***cabinets de recrutement***. La jurisprudence considère que ces cabinets sont tenus vis-à-vis de l'employeur à une ***obligation de moyens*** et non de résultat, car tout dépend de la qualité des informations fournies par l'employeur. La définition du poste à pourvoir incombe à l'employeur. Le rôle du conseiller en recrutement consiste à préciser, en accord avec son client (c'est-à-dire l'employeur), le profil du candidat recherché.

Les professionnels du conseil en recrutement doivent respecter les règles fixées par la ***Commission nationale de l'informatique et des libertés*** (CNIL) en matière de collecte et de traitement des informations recueillies.

→ Les politiques publiques en faveur de l'emploi

Dans le contexte de la crise née au début des années 1970, la flexibilité est apparue comme le remède : dès 1984, le patronat réclamait que soit défini « *un régime particulier pour des emplois nouveaux à contrainte allégée* ». Le mouvement en faveur d'une déréglementation de la matière (allégement des contraintes) a débouché sur des mesures de portée limitée : suppression de l'autorisation administrative de licenciement (loi du 30 décembre 1986), assouplissement du régime des contrats précaires, aménagement du temps de travail (loi du 19 juin 1987).
Pendant longtemps, les pouvoirs publics ont adopté une attitude passive, c'est-à-dire qu'ils tentaient d'éviter les abus lors de la formation du contrat de travail, mais sans intervenir sur le marché de l'emploi. Puis l'État a dû s'engager davantage, pour limiter les conséquences négatives des thèses libérales.
La question qui se pose est de savoir si l'État doit inciter à la création d'emplois ou en créer lui-même. Depuis un quart de siècle, même si l'on observe des variations en fonction des alternances politiques, la tendance semble être l'action simultanée sur tous les fronts.

▶ Le législateur est intervenu à plusieurs reprises, en tentant tout d'abord de ***maintenir l'emploi.*** Cela passe par :
- des ***mises en chômage partiel ;***
- une ***politique d'exclusion de certains travailleurs*** : avancement de l'âge de la retraite, découragement de la main-d'œuvre immigrée, remplacement des travailleurs âgés par des jeunes dont on a assuré la formation professionnelle, lutte contre le cumul d'emplois, etc. Les ***conventions de préretraite*** sont le dispositif le plus important relevant de cette démarche : elles permettent aux entreprises, grâce au versement d'une allocation financée par le Fonds national de l'emploi, d'inciter les salariés au départ définitif de la vie active. Mais cette dernière mesure est apparue comme une forme d'aide aux licenciements, beaucoup d'entreprises, en pratique, n'employant pas de jeunes en remplacement ;
- des ***techniques conventionnelles visant à améliorer l'adéquation des salariés*** aux postes : par les ***conventions de formation***, une entreprise qui change d'activité peut reconvertir son personnel, par les ***conventions d'adaptation***, on prévient les pertes d'emplois (on aide l'entreprise qui développe sa production à adapter son personnel, selon un modèle proche du précédent).

▶ Mais ces politiques d'exclusion ou de préservation ne créent pas d'emplois. Les gouvernements successifs n'ont eu de cesse d'instaurer des mesures nouvelles afin de **favoriser la création d'emplois**.

- La tendance dominante en France, depuis une vingtaine d'années, est de ***réduire la durée du travail*** : c'est ainsi que ***l'ordonnance du 16 janvier 1982*** a abaissé de 40 à 39 heures la durée légale hebdomadaire du travail. Pourtant, ces mesures ont eu peu d'effets sur l'embauche.

Plus récemment, la loi du 18 juin 1998 (Aubry I), relative à la réduction progressive de la durée hebdomadaire du travail à 35 heures, et la loi du 19 janvier 2000 (Aubry II), relative à la réduction négociée de la durée du travail, ont également traduit cette volonté de création d'emplois.

2. Emploi et protection des libertés individuelles

➜ Le contenu de la liberté du travail

La liberté du travail implique, pour le salarié, la liberté de travailler, le libre choix de son travail, et pour l'employeur, la liberté d'embaucher ou non tel ou tel salarié. Mais il ne faut pas que le refus d'embaucher soit fondé sur une quelconque discrimination. C'est la raison pour laquelle l'employeur ne doit tenir compte, lors de l'embauche, ni de l'***appartenance syndicale***, ni des ***opinions politiques***, ni des ***origines sociales***, ni de l'***âge***, ni de la « ***race*** ». La discrimination fondée sur le ***sexe*** fait l'objet d'une réglementation particulière : le décret du 25 mai 1984 précise les emplois pour lesquels le sexe constitue une condition déterminante (par exemple, les mannequins, les modèles). L'***état de santé***, le ***handicap*** ne doit pas non plus servir de fondement à la sélection d'embauche, et des sanctions sont prévues en cas de non-respect de la réglementation (art. L. 1132-1 ; art 225-1 et 225-2, C. pén.).
Le recours à un ***questionnaire d'embauche*** n'est pas interdit, mais à la condition qu'il respecte la liberté du candidat, et ne comporte que des questions relatives à l'emploi.

➜ Le respect des libertés individuelles lors de l'embauche

La loi du 31 décembre 1992 (art. L. 2323-32) ***relative au recrutement et aux libertés individuelles***, protège le salarié contre certains abus, constatés lors du recrutement (le recours à la numérologie, à l'astrologie, à la graphologie). Il est vrai que, dans le contrat de travail, qui est un contrat conclu intuitu personae, les qualités personnelles du salarié sont essentielles. L'entreprise souhaite recruter le meilleur candidat à l'emploi, d'où le recours à certaines pratiques. Mais désormais, l'employeur est ***tenu d'informer le comité d'entreprise sur les***

techniques de recrutement, l'idée étant de dissuader les employeurs de recourir à certaines pratiques peu orthodoxes.
Le respect du salarié par l'employeur est garanti par l'article L. 1121-1 du Code du travail : « *Nul ne peut apporter aux droits des personnes et aux libertés individuelles et collectives de restrictions qui ne seraient pas justifiées par la nature de la tâche à accomplir ni proportionnées au but recherché.* » Il convient cependant de rappeler qu'une procédure de recrutement dure un certain temps et a, de ce fait, un certain coût. Il faut donc que l'employeur puisse recueillir des informations. Mais celles-ci doivent lui permettre d'***apprécier la capacité du candidat à occuper l'emploi*** (art. L. 1221-6), et ***avoir un lien avec l'emploi*** (art. L. 1221-6 al. 2). L'employeur ne peut donc demander n'importe quoi au salarié : les questions relatives à la famille, à la religion, à l'activité syndicale ou aux opinions politiques sont exclues.

→ Le respect des libertés individuelles pendant l'activité professionnelle

Depuis la loi du 31 décembre 1992 (art. L. 2323-32 al. 3), « *le comité d'entreprise est informé et consulté, préalablement à la décision de mise en œuvre dans l'entreprise, sur les* ***moyens ou les techniques permettant un contrôle sur l'activité des salariés*** ». Les nouvelles technologies permettent en effet de mettre en place des moyens discrets de contrôle. Faut-il condamner ce contrôle ? Peut-être pas, car le salarié est subordonné à l'employeur. Mais il faut que ce contrôle s'effectue ***de façon loyale***, en application de l'article 1134 alinéa 3 du Code civil, selon lequel « toute convention doit être exécutée de bonne foi ».
Le comité d'entreprise est certes consulté sur les moyens techniques qui permettent de contrôler l'activité professionnelle du salarié, mais qu'en est-il de ***l'activité non professionnelle*** (contrôle dans les vestiaires, par exemple…) ? En effet, en dehors du temps de travail effectif, le salarié circule dans l'entreprise (cafétéria, parking…). Or le législateur n'a pas précisé si la surveillance de ces locaux nécessitait une consultation préalable du comité d'entreprise. La jurisprudence adopte une position protectrice des salariés, dans le respect d'ailleurs des dispositions de la loi de décembre 1992, en précisant que si l'employeur a le droit de contrôler et de surveiller l'activité de son personnel durant le temps de travail, il ne peut mettre en œuvre un dispositif de contrôle qui n'ait pas été ***porté préalablement à la connaissance des salariés*** (Cass. soc., 22 mai 1995, *JCP*, 1995, IV, 1722 ; Cass. soc., 26 novembre 2002, *RJS* 2/03, n° 149).

3. Les limites au principe de la liberté d'emploi

Elles se traduisent par des ***restrictions au principe de la liberté d'embauche***, mais également par ***certaines obligations d'embauche*** à la charge de l'employeur.

➜ Les restrictions au principe de la liberté d'embauche

On ne peut embaucher n'importe qui, n'importe comment. Le législateur est en effet intervenu pour limiter le travail des enfants, réglementer le travail des femmes, et poser certaines limites au travail des étrangers.

▶ **Le travail des enfants.** La première loi protectrice, en 1841, interdisait le travail des enfants dans les mines. Depuis lors, d'importants progrès ont été faits dans la protection des enfants.

Depuis 1967, le principe est ***l'interdiction d'embauche des adolescents de moins de 16 ans***, car il y a une ***obligation scolaire*** jusqu'à cet âge.

Il existe cependant certaines exceptions : on peut embaucher comme ***apprentis***, dès l'âge de 15 ans, des adolescents qui ont terminé le premier cycle de l'enseignement ; on peut également embaucher des adolescents à partir de 14 ans lorsqu'ils suivent une formation de type alterné (entreprise-école). Les jeunes de cet âge peuvent accomplir des ***travaux légers*** pendant leurs vacances. Par contre, en ce qui concerne les travaux pénibles, comme, par exemple, les ***travaux exposant aux agents chimiques dangereux*** (voir la liste aux articles D. 4153-15 et s.) ou le ***travail de nuit*** (boulangerie exceptée), la condition d'âge à l'embauche n'est plus de 16 ans mais de ***18 ans. Les jeunes travailleurs ne doivent pas travailler plus de 8 heures par jour*** (art. L. 3162-1).

▶ **Le travail des femmes.** ***Certaines activités étaient interdites aux femmes*** en raison des dangers (la mine), ou de la fatigue (travaux de nuit). Mais, en 1991, la Cour de justice des Communautés européennes avait condamné les pays interdisant, comme la France, le ***travail de nuit*** des femmes (CJCE, 25 juillet 1991, Stoeckel, D. 1991, 443). Finalement, l'article L. 3122-32 du Code du travail introduit, sur ce point, l'égalité professionnelle entre les femmes et les hommes (loi du 9 mai 2001, JO du 10 mai, p. 7320 art L. 213-1 anc.).

▶ **Le cas des étrangers.** L'article L. 5221-2 du Code du travail précise que « *pour entrer en France en vue d'y exercer une profession salariée, l'étranger doit présenter, outre les documents et visas exigés par les conventions internationales et les règlements en vigueur, un contrat de travail visé par l'autorité administrative ou une autorisation de travail et un certificat médical* ». Un employeur ne peut conserver à son service un étranger non muni du ***titre l'autorisant à exercer une activité salariée en France*** (art. L. 8251-1).

Mentionnons que les ***accords de Schengen***, entrés en vigueur en 1995 dans huit des dix pays signataires (Allemagne, France, Belgique, Luxembourg, Pays-Bas, Italie, Espagne et Portugal), ont libéré les flux de main-d'œuvre entre ces pays.

D'un point de vue économique, il est nécessaire de faire appel à la main-d'œuvre étrangère : cela a été amplement le cas au cours des « Trente Glorieuses », durant lesquelles la France a encouragé l'immigration. Cependant, il faut aussi protéger la main-d'œuvre nationale. La Déclaration des droits de l'homme affirme l'égalité de tous. Or la collectivité nationale rejette souvent le travailleur étranger.

→ L'obligation d'embauche pour les employeurs

Les employeurs, à partir de certains seuils d'effectifs, sont tenus d'embaucher parmi telle ou telle catégorie de personnes faisant l'objet d'une protection spécifique : handicapés notamment. Par ailleurs, ils doivent respecter la priorité de réembauche de certains salariés.

▶ **L'obligation d'embauche de travailleurs handicapés.** La politique de protection et d'insertion des handicapés est récente. Elle est issue de la loi du 23 novembre 1957, modifiée le 10 juillet 1987 (art. L. 5212-2 et s.).
Désormais, ***tout employeur occupant 20 salariés et plus*** est tenu d'employer, à temps plein ou à temps partiel, des handicapés dans la proportion de 6 % de ses effectifs. Mais l'employeur peut ***s'exonérer partiellement ou s'acquitter*** de l'obligation d'emploi :

- en concluant des ***contrats de fournitures de sous-traitance ou de prestations de services avec des entreprises adaptées,*** c'est-à-dire des établissements habilités qui occupent des travailleurs handicapés (art. L. 5212-6) ; ce sont des ateliers pris en charge par l'État ;
- en ***appliquant un accord de branche, d'entreprise, qui prévoit un programme en faveur des travailleurs handicapés*** : plan d'embauche en milieu ordinaire de travail et deux au moins des actions suivantes : plan d'insertion et de formation, plan d'adaptation aux mutations technologiques, plan de maintien dans l'entreprise en cas de licenciement (art. L. 5212-8) ;
- en versant, pour chaque emploi non pourvu, ***une contribution à un fonds de développement pour l'insertion professionnelle des handicapés*** (art. L. 5212-9 à L. 5212-11).

▶ **L'obligation d'embauche d'autres catégories.** Bénéficient de l'obligation d'emploi instituée par l'article L. 5212-2, entre autres, les victimes d'accidents du travail ou de maladies professionnelles ayant entraîné une incapacité permanente au moins égale à 10 %, les anciens militaires et assimilés, titulaires d'une pension militaire d'invalidité au titre du Code des pensions militaires d'invalidité et des victimes de la guerre… (art. L. 5212-13).

▶ **La priorité de réembauche de certains salariés.** Cette priorité concerne certains salariés qui ont souhaité quitter leur travail pour un ***congé parental d'éducation***. À l'issue de ce congé, le salarié retrouve son emploi précédent ou un emploi similaire (art. L. 1225-55). Elle concerne aussi les ***salariés licenciés pour cause économique***. La durée de la priorité de réembauchage est d'un an à compter de la rupture du contrat, le salarié devant faire connaître son souhait de bénéficier de cette priorité (art. L. 1233-45).

B– La politique d'amélioration de l'emploi

Les connaissances et les compétences requises évoluent rapidement. Pour que le travailleur soit en mesure de s'adapter à l'emploi, il faut perfectionner ses connaissances pendant la durée de son travail.

Le droit à un meilleur emploi n'a pas toujours préoccupé le législateur. De fait, la législation est récente dans ce domaine. C'est la loi du 3 décembre 1966 qui a posé pour la première fois la ***reconnaissance de la formation professionnelle comme obligation nationale***.

Les jeunes sont concernés : c'est l'***apprentissage***. Les adultes le sont aussi : c'est la ***formation professionnelle***.

1. L'apprentissage

La législation récente a modifié le regard que l'on peut avoir sur l'apprentissage ; elle tend surtout à faire reconnaître son importance. Celle-ci est affirmée à l'article L. 6211-1 du Code du travail en ces termes : « *L'apprentissage concourt aux objectifs éducatifs de la nation.* »

L'apprentissage, qui correspond à ce que l'on appelle aussi la ***formation en alternance,*** « *a pour objet de donner à de jeunes travailleurs ayant satisfait à l'obligation scolaire, une formation générale, théorique et pratique, en vue de l'obtention d'une qualification professionnelle sanctionnée par un diplôme ou un titre à finalité professionnelle enregistré au répertoire national des certifications professionnelles* » (art. L. 6211-1). La loi du 17 juillet 1992 a apporté à l'apprentissage une dimension communautaire, l'article L. 6211-5 prévoyant désormais la possibilité pour une entreprise de la CEE d'accueillir temporairement un apprenti.

Le financement de l'apprentissage est assuré par le produit de la taxe d'apprentissage payée par les entreprises. La loi n° 2011-893 du 28 juillet 2011 ouvre l'accès au contrat d'apprentissage au secteur du travail temporaire (art. L.1251-7, 3°). Le décret n° 2012-472 du 11 avril 2012 vient préciser les conditions dans lesquelles une entreprise de travail temporaire peut mettre à disposition d'une entreprise utilisatrice un apprenti.

→ L'organisation de l'apprentissage

L'article L. 6211-2 du Code du travail définit l'apprentissage comme une ***forme d'éducation alternée***. Cette éducation se fait ***à la fois en entreprise***, sur le rôle de laquelle la loi insiste particulièrement, ***et en centre de formation d'apprentis***, dont on retiendra les règles de fonctionnement et de financement :

▶ **Le fonctionnement des centres.** Les centres de formation d'apprentis dispensent aux jeunes travailleurs sous contrat d'apprentissage une formation générale associée à une formation technologique et pratique qui complète la formation reçue en entreprise et s'articule avec elle dans un objectif de progression sociale (L. 6231-1, 1°).

Tous les apprentis reçoivent un enseignement à la fois général et technologique dans ces centres de formation créés par convention entre l'État ou la région, et des collectivités locales ou des organisations professionnelles. La formation reçue est d'au moins 400 heures par an (art. L. 6233-8, R. 6233-52). Depuis la loi du 23 juillet 1987, par dérogation aux dispositions de l'article L. 6231-1, les centres peuvent déléguer, par convention, une partie de leur mission soit à une entreprise, soit à un établissement d'enseignement public (art. L. 6231-2, L. 6231-3).

Le ***contrôle pédagogique*** des centres de formation d'apprentis est exercé par l'État. L'inspection est assurée par des inspecteurs de l'enseignement technique relevant de l'Éducation nationale. Les centres sont soumis à un ***contrôle administratif et financier*** (art. R. 6252-6).

Une ***carte d'étudiant des métiers*** est délivrée à l'apprenti par le centre qui assure sa formation (art. D. 6222-42) dans les trente jours qui suivent l'inscription par le centre de formation d'apprentis.

▶ **Le financement de l'apprentissage.** Depuis longtemps, l'État impose aux employeurs le financement de l'apprentissage par la ***taxe d'apprentissage*** régie par les articles 1599 Ter A à 1599 Ter M du code général des impôts (art. L. 6241-1). Les concours apportés aux centres de formation d'apprentis par les redevables de la taxe d'apprentissage donnent lieu à exonération de cette taxe dans la limite de la fraction prévue à l'article L. 6241-2 (art. L. 6241-7)

→ Le contrat d'apprentissage

C'est un contrat d'un type particulier par lequel ***un employeur s'engage*** à assurer à un jeune, en plus d'un salaire, une formation complète, dispensée pour partie en entreprise et pour partie en centre de formation d'apprentis. ***L'apprenti, en retour, s'engage*** à travailler pour cet employeur pendant la durée du contrat, et à suivre la formation dispensée dans les centres (art. L. 6221-1).

Sauf certaines particularités, ce contrat obéit aux ***règles de droit commun quant au consentement, à la capacité, à l'objet et à la cause***. Ainsi, par exemple, lors de l'embauche, l'employeur doit se soumettre aux formalités relatives au contrôle de l'emploi.
Nous présenterons ici les conditions de validité du contrat, sa forme et son contenu, sa durée, ainsi que les conditions de travail.

▶ Les conditions de validité du contrat

- ***Les obligations de l'apprenti***. L'apprenti a des obligations, mais aussi des droits. Il doit être âgé de 16 ans au moins à 25 ans au début de l'apprentissage (art. L. 6222-1). Mais les jeunes âgés d'au moins 15 ans qui justifient avoir effectué la scolarité du premier cycle de l'enseignement secondaire peuvent souscrire un contrat d'apprentissage (art. L. 6222-1 al.2). En outre, il est possible de déroger à la limite supérieure d'âge fixée à 25 ans : lorsque le contrat proposé fait suite à un contrat d'apprentissage précédemment exécuté et conduit à un nouveau diplôme supérieur à celui obtenu à l'issue du premier contrat ; lorsqu'il y a eu rupture d'un contrat d'apprentissage pour des causes indépendantes de la volonté de l'apprenti ou suite à son inaptitude physique temporaire ; lorsque le contrat d'apprentissage est souscrit par une personne reconnue handicapée ; lorsque le contrat d'apprentissage est souscrit par une personne qui a un projet de création ou de reprise d'entreprise.

Des sanctions sont possibles en cas d'infraction à ces dispositions. La ***capacité de l'apprenti*** à suivre la formation est contrôlée par le médecin du travail. L'apprenti doit ***effectuer le travail*** confié par l'employeur. Il doit ***se présenter aux épreuves*** et a droit à un congé de cinq jours avec maintien du salaire dans le mois qui précède l'examen. En cas d'échec à l'examen, l'apprentissage peut être prolongé pour une durée d'un an au plus (art. L. 6222-11), soit par prorogation du contrat initial ou de la période d'apprentissage, soit par conclusion d'un nouveau contrat avec un autre employeur.

- ***Les obligations de l'employeur.*** Le but de l'apprentissage est ***l'acquisition d'une formation*** par le jeune cocontractant.
- L'employeur doit ***inscrire l'apprenti dans un centre de formation d'apprentis***, et faire suivre à l'intéressé les activités et les enseignements organisés dans les centres. Il doit ***assurer une formation pratique*** à l'apprenti, mais les tâches confiées dans l'entreprise doivent être progressives. L'employeur doit inscrire et faire participer l'apprenti aux épreuves du diplôme. Il doit ***consulter le comité d'entreprise*** sur les objectifs de l'entreprise en matière d'apprentissage (nombre d'apprentis…).

- Tout employeur peut engager un apprenti à la condition de déclarer prendre ***toutes les mesures nécessaires à l'organisation de l'apprentissage.*** Il lui faut en effet faire une ***déclaration*** en ce sens, par laquelle il garantit que l'équipement, les conditions de travail, la compétence et la moralité des personnes responsables de la formation sont de nature à permettre une formation satisfaisante (art. L. 6223-1). L'autorité administrative peut ***s'opposer à l'engagement d'apprentis*** par une entreprise, s'il est établi par les autorités chargées du contrôle que l'employeur méconnaît les obligations mises à sa charge par le Code du travail (art. L. 6225-1) ; l'employeur pourra demander la levée de l'opposition s'il justifie pouvoir remplir à nouveau ses obligations (art. R. 6225-7). Un recours est possible contre la décision d'opposition : hiérarchique devant le ministre chargé du travail, contentieux devant le tribunal administratif.
- Le ***maître d'apprentissage*** (celui qui assume la fonction de tuteur) doit être majeur, offrir toute garantie de moralité, et présenter des compétences pédagogiques et professionnelles. L'employeur veille à ce que le maître d'apprentissage bénéficie de formations lui permettant d'exercer correctement sa mission et de suivre l'évolution du contenu des formations dispensées à l'apprenti et des diplômes qui les valident (art. L. 6223-8). Sont réputées remplir la condition de compétence professionnelle exigée d'un maître d'apprentissage, les personnes titulaires d'un diplôme correspondant à la finalité du diplôme préparé par l'apprenti (***niveau équivalent***), et justifiant d'un ***temps d'exercice d'une activité professionnelle en relation*** avec la qualification visée par le diplôme (art. R. 6223-24). S'il y a un ***changement d'employeur***, les contrats d'apprentissage sont maintenus, dans les conditions prévues par l'article L. 1234-12 du Code du travail : « *La cessation de l'entreprise, sauf cas de force majeure, ne libère pas l'employeur de l'obligation de respecter le préavis et de verser s'il y a lieu l'indemnité prévue à l'article L. 1234-9* » (c'est-à-dire l'indemnité de licenciement).

▸ **La forme et le contenu du contrat.** Le contrat d'apprentissage peut être conclu pour une durée limitée ou pour une durée indéterminée (art. L. 6222-7). Il fixe la date du début de l'apprentissage (art. L. 6222-12). Le contrat d'apprentissage doit être ***écrit***, et la ***signature du contrat par les deux parties contractantes*** est un préalable à l'emploi (art. L. 6222-4). Le contrat doit comporter des mentions obligatoires. Les formulaires types sont disponibles auprès des chambres de métiers, de commerce et d'industrie. L'insertion d'une ***clause de non-concurrence*** est possible, mais elle doit être limitée dans le temps et dans l'espace. L'apprenti peut souscrire des contrats d'apprentissage successifs pour préparer des diplômes. Mais il faut satisfaire aux conditions d'âge et de capacité ; il n'y a pas de condition de délai entre deux contrats, et le nombre de contrats successifs n'est pas limité s'il s'agit

de préparer des diplômes sanctionnant des qualifications de niveau différent (art. L. 6222-15). En revanche, on ne peut conclure que ***deux contrats successifs de même niveau***. Pour un troisième contrat, il faut l'autorisation du directeur du dernier centre d'apprentissage.
Le contrat est nul si les conditions de formation du contrat ne sont pas respectées.
Afin de procéder à une première évaluation du déroulement de la formation, l'apprenti est convié par le centre de formation d'apprentis, dans les deux mois suivant la conclusion du contrat, à un entretien auquel participent l'employeur, le maître d'apprentissage, un formateur du centre de formation d'apprentis, et, si besoin est, les parents de l'apprenti ou son représentant légal (art. R. 6233-58).

▶ **La durée du contrat**. La durée du contrat est ***au moins égale à celle du cycle de formation qui fait l'objet du contrat*** (art. L. 6222-7-1). C'est la raison pour laquelle la date du début de l'apprentissage doit figurer au contrat.
La durée du contrat peut être réduite ou allongée à la demande des cocontractants, mais sans pouvoir conclure des contrats d'une durée inférieure à un an et supérieure à trois ans (art. L. 6222-7 al. 1), sous réserve de la possibilité de prolongation d'un an pour cause d'échec à l'examen (art. L. 6222-11). Le contrat prend ***normalement fin à l'échéance de son terme***, mais ***pendant les deux premiers mois il peut être rompu*** par l'une ou l'autre des parties (art. L. 6222-18). Passé les deux mois, la rupture ne peut intervenir que sur ***accord écrit et signé des deux parties.*** À défaut, la rupture ne peut être prononcée que par le conseil de prud'hommes statuant en la forme de référés, ***en cas de faute grave ou de manquements répétés de l'une des parties à ses obligations ou en raison de l'inaptitude de l'apprenti*** à exercer le métier auquel il voulait se préparer (art. L. 6222-18). La résiliation peut être amiable, mais il faut qu'elle soit ***constatée par écrit et signée par les parties***.
À l'issue de son contrat, l'apprenti peut être embauché sous contrat à durée indéterminée, dans l'entreprise où il a effectué son apprentissage ou ailleurs. Il peut aussi souscrire un autre contrat d'apprentissage. Si le contrat d'apprentissage est suivi de la signature d'un contrat à durée indéterminée, d'un contrat de travail à durée déterminée ou d'un contrat de travail temporaire dans la même entreprise, aucune période d'essai ne peut être imposée, sauf dispositions conventionnelles contraires.

▶ Les conditions de travail

- Le temps consacré à l'enseignement et aux activités dispensées en centre est compris dans le temps de travail. Pour les apprentis de moins de 18 ans, la ***durée du travail*** est fixée à huit heures (art. L. 6222-25). Le travail de nuit est exclu (art. L. 6222-26), sauf, par exemple, pour l'apprenti en boulangerie (voir art. R. 3163-1). L'apprenti bénéficie du repos dominical. Il ne doit pas être employé à des travaux insalubres, et, en cas d'atteinte à sa santé ou à sa sécurité physique, l'inspecteur du travail met en demeure l'employeur de rétablir des conditions de travail normales.

- La ***protection sociale*** de l'apprenti est identique à celle des autres salariés, mais les apprentis ne sont pas pris en compte dans le calcul de l'effectif du personnel de l'entreprise (art. L.1111-3).
- L'apprenti a droit à un ***salaire*** qui ne peut être inférieur à un certain pourcentage du SMIC, calculé selon le temps écoulé dans l'entreprise depuis le début de l'apprentissage (art. L. 6222-27). Les ***avantages en nature*** peuvent être déduits du salaire (par exemple, dans l'hôtellerie, où les apprentis sont nourris). Enfin, si les apprentis font des ***heures supplémentaires***, celles-ci sont rémunérées comme le sont celles du personnel de l'entreprise.

2. La formation professionnelle

La formation professionnelle tout au long de la vie constitue une obligation nationale (art. L. 6111-1). Elle vise à permettre l'acquisition et l'actualisation des connaissances et des compétences favorisant l'évolution professionnelle. Elle comporte une formation initiale, comprenant notamment l'apprentissage, et des formations ultérieures qui constituent la formation professionnelle continue, destinée aux adultes et aux jeunes déjà engagés dans la vie active ou qui s'y engagent (art. L. 6111-1, al. 2). En outre, toute personne engagée dans la vie active est en droit de faire valider les acquis de son expérience, notamment professionnelle ou liée à l'exercice de responsabilités syndicales (art. L. 6111-1, al. 3).

Par ailleurs, toute personne peut bénéficier tout au long de sa vie professionnelle, d'un conseil en évolution professionnelle afin de favoriser l'évolution et la sécurisation de son parcours professionnel (art. L. 6111-6).

Le système de la formation continue, auquel concourent l'État, les collectivités locales, les établissements publics et privés, les associations, les organisations professionnelles, syndicales et familiales, ainsi que les entreprises, repose largement sur une ***participation financière des employeurs en vue de mettre en œuvre des moyens permettant aux travailleurs d'acquérir ou de perfectionner une qualification, ou de parfaire leur culture générale***.

Le ***Code du travail*** régit la matière aux articles L. 6111-1 et suivants. À cela viennent s'ajouter les ***accords professionnels***.

La loi n° 2014-288 du 5 mars 2014 relative à la formation professionnelle, à l'emploi et à la démocratie sociale, crée notamment le compte personnel de formation qui suivra chaque individu tout au long de sa vie professionnelle.

→ Les différents objectifs des actions de formation

La formation professionnelle continue a pour objet notamment de favoriser l'insertion ou la réinsertion professionnelle des travailleurs, de permettre leur maintien dans l'emploi, de contribuer à leur promotion sociale (art. L. 6311-1).
Les actions de formation prennent différentes formes, selon les objectifs poursuivis (art. L. 6313-1). Ce sont notamment :

- les ***actions de préformation et de préparation à la vie professionnelle***, qui se destinent à toute personne sans qualification professionnelle ni contrat de travail (art. L. 6313-2) ;
- les ***actions d'adaptation et de développement des compétences des salariés***, qui ont pour objet de favoriser leur adaptation au poste de travail (art. L. 6313-3) ;
- les ***actions de promotion professionnelle***, qui permettent l'acquisition d'une qualification plus élevée (art. L. 6313-4) ;
- les ***actions de prévention***, qui visent à réduire les risques d'inadaptation de qualification à l'évolution des techniques (c'est-à-dire à préparer les salariés dont l'emploi est menacé à une mutation d'activité) (art. L. 6313-5) ;
- les ***actions de conversion***, qui permettent à des travailleurs salariés dont le contrat de travail est rompu d'accéder à un nouvel emploi nécessitant une nouvelle qualification (art. L. 6313-6) ;
- les ***actions d'acquisition, d'entretien ou de perfectionnement des connaissances***, qui sont destinées à ceux qui veulent accéder à la culture ou parfaire leur qualification et leur niveau culturel, ou encore assumer des responsabilités accrues dans la vie associative (art. L. 6313-7). Tout travailleur engagé dans la vie active ou toute personne qui s'y engage a droit à la qualification professionnelle et doit pouvoir suivre, à son initiative, une formation lui permettant de progresser au cours de sa vie professionnelle (art. L. 6314-1).

Enfin, à l'occasion de son embauche, le salarié est informé qu'il bénéficie tous les deux ans d'un entretien professionnel avec son employeur consacré à ses perspectives d'évolution professionnelle, notamment en termes de qualifications et d'emploi. Cet entretien ne porte pas sur l'évaluation du travail du salarié (art. L. 6315-1.)

→ Les différentes actions de formation et leurs bénéficiaires

La formation professionnelle ***s'adresse à tous sans condition d'âge***. Elle permet au travailleur de bénéficier de stages donnant lieu à ***rémunération***.
Durant la formation, le salarié bénéficie de la ***protection sociale***.

Le salarié peut suivre une action de formation (art. L. 6312-1) :
- ***soit de sa propre initiative***, notamment dans le cadre du congé individuel de formation (CIF) ou par la mobilisation du compte personnel de formation ;

– ***soit à l'initiative de l'employeur,*** le cas échéant, dans le cadre du plan de formation.

Avant d'étudier successivement ces possibilités d'accès des salariés à la formation professionnelle continue, il faut ajouter les **périodes de professionnalisation** qui ont pour objet de favoriser, par des actions de formation, le maintien dans l'emploi de salariés en contrat à durée indéterminée notamment (art. L. 6324-1), le **contrat de professionnalisation** qui a pour objet de permettre d'acquérir une des qualifications prévues à l'article L. 6314-1 et de favoriser l'insertion ou la réinsertion professionnelle de certaines catégories de personnes (art L. 6325-1), et développer le compte personnel de formation.

▶ **Le compte personnel de formation** (CPF). Il est ouvert pour toute personne âgée d'au moins seize ans en emploi ou à la recherche d'un emploi notamment. Un compte est ouvert dès l'âge de quinze ans pour le jeune qui signe un contrat d'apprentissage. Le compte est fermé lorsque la personne est admise à faire valoir l'ensemble de ses droits à la retraite (art. L. 6323-1). Depuis le 1er janvier 2015, le CPF s'est substitué au DIF (droit individuel à la formation : 20 h par an cumulables sur six ans).

- Les heures de formation inscrites sur le compte demeurent acquises en cas de changement de situation professionnelle ou de perte d'emploi de son titulaire (art. L. 6323-3). Et chaque titulaire d'un compte a connaissance du nombre d'heures créditées sur ce compte en accédant à un service dématérialisé gratuit (art. L. 6323-8).
- Le compte est alimenté en heures de formation à la fin de chaque année (art. L. 6223-10). L'alimentation du compte se fait à hauteur de vingt-quatre heures par année de travail à temps complet jusqu'à l'acquisition d'un crédit de cent-vingt heures, puis de douze heures par année de travail à temps complet, dans la limite d'un plafond total de cent cinquante heures (art. L. 6323-11). Si le salarié n'a pas effectué une durée de travail à temps complet sur l'ensemble de l'année, l'alimentation est calculée à due proportion du temps de travail effectué, sous réserve de dispositions conventionnelles plus favorables (art. L. 6323-11 al. 2).
- Les formations financées dans le cadre du compte personnel de formation ne sont pas soumises à l'accord de l'employeur lorsqu'elles sont suivies en dehors du temps de travail. Lorsqu'elles sont suivies en tout ou partie pendant le temps de travail, le salarié doit demander l'accord préalable de l'employeur sur le contenu et le calendrier de la formation et l'employeur lui notifie sa réponse. L'absence de réponse de l'employeur vaut acceptation (art. L. 6323-17). Les heures consacrées à la formation pendant le temps de travail constituent un temps de travail effectif et donnent lieu au maintien par l'employeur de la rémunération du salarié (art. L. 6323-18). Pendant la durée de la formation, le salarié bénéficie du régime

de sécurité sociale relatif à la protection en matière d'accidents du travail et de maladies professionnelles (art. L. 6323-19).

▶ **Le congé individuel de formation.** Le congé individuel de formation permet à tout salarié de s'absenter pendant les heures de travail afin de suivre à son initiative une action de formation distincte de celles comprises dans le plan de formation de l'entreprise. Ce congé doit permettre à l'intéressé d'accéder à un niveau supérieur de qualification professionnelle, ou de changer d'activité ou de profession (art. L. 6322-1). Le congé peut également être accordé à un salarié pour préparer et pour passer un examen (art. L. 6322-3).

- ***La durée du stage*** ne peut normalement être supérieure à un an, mais des accords peuvent prévoir des durées plus longues (art. L. 6322-12). Le salarié doit justifier d'une ancienneté d'au moins vingt-quatre mois (trente-six mois pour les travailleurs d'entreprises artisanales de moins de dix salariés), consécutifs ou non, quelle qu'ait été la nature des contrats de travail successifs, dont douze mois dans l'entreprise (art. R. 6322-1, R. 6322-2).
- Le salarié qui a déjà bénéficié d'un congé-formation sur sa demande, ne peut prétendre dans la même entreprise à un nouveau congé avant un ***délai de franchise***. Ce délai, exprimé en mois, est égal au douzième de la durée exprimée en heures du congé précédemment suivi (par exemple pour un stage qui a duré 120 heures, la durée du délai de franchise est de dix mois, art. R. 6322-10). Ce délai ne peut être inférieur à six mois, ni supérieur à six ans.
- ***L'employeur n'est pas tenu d'accepter un départ en congé-formation***, car il faut éviter un excès d'absences simultanées pour formation :
  - Dans les entreprises employant ***moins de 10 salariés***, la demande peut être différée si elle aboutit à l'absence simultanée d'au moins deux salariés (art. L. 6322-9).
  - Dans les établissements de ***moins de 200 salariés***, il ne faut pas que le nombre d'heures de congé dépasse 2 % du nombre total des heures de travail effectuées dans l'année (art. L. 6322-8).
  - Dans les établissements d'au moins ***200 salariés***, il ne faut pas que le pourcentage des travailleurs simultanément absents au titre du congé dépasse 2 % du nombre total des travailleurs (art. L. 6322-7).

    L'employeur peut ***reporter le congé*** s'il estime que celui-ci aurait des conséquences sur la production ou sur la bonne marche de l'entreprise (l'avis des délégués du personnel et des membres du comité d'entreprise est requis sur ce point), ***mais le report ne peut excéder neuf mois*** (art. R. 6322-7). En cas de conflit, c'est l'inspecteur du travail qui tranche (art. L. 6322-6).

– ***Le salarié doit faire sa demande*** 60 jours à l'avance si le stage dure moins de six mois ou en cas de préparation à un examen, 120 jours si l'interruption du travail est d'au moins six mois (art. R. 6322-3). L'employeur a 30 jours pour faire connaître sa réponse (motif du rejet et du report) (art. R. 6322-5. Il y a une possibilité de prise en charge des dépenses liées à la formation (art. L. 6322-17). Pendant le congé-formation, le contrat de travail est seulement ***suspendu*** : l'ancienneté court, ainsi que le droit à congés payés.

▶ **Les autres congés.** Tout salarié a droit sur sa demande à un congé pour réaliser un ***bilan de compétence***. Ces actions lui permettent d'analyser ses compétences professionnelles et personnelles, afin de définir un projet professionnel et le cas échéant un projet de formation. Il faut, pour y prétendre, une ***ancienneté d'au moins cinq ans en tant que salarié, dont douze mois dans l'entreprise*** (art. L. 6322-42). La durée de ce congé ne peut excéder par bilan ***24 heures de travail***, consécutives ou non (art. L. 6322-44).

▶ **Le plan de formation.** L'employeur assure l'adaptation des salariés à leur poste de travail (art. L. 6321-1).
Il veille au maintien de leur capacité à occuper un emploi. Il peut proposer des formations qui participent au développement des compétences, ainsi qu'à la lutte contre l'illettrisme. Ces actions sont prévues, le cas échéant, par le plan de formation (art. L. 6321-1).
Toute action de formation suivie par un salarié pour assurer son adaptation au poste de travail constitue un temps de travail effectif et donne lieu au maintien de la rémunération (art. L. 6321-2).
Les actions de formation ayant pour objet le développement des compétences peuvent se dérouler hors du temps de travail dans la limite de quatre-vingts heures par an et par salarié (art. L. 6321-6, 1°).
Le refus du salarié de participer à ces actions ne constitue ni une faute, ni un motif de licenciement (art. L. 6321-7).
Les heures de formation réalisées en dehors du temps de travail donnent lieu au versement par l'entreprise d'une allocation de formation (art. L. 6321-10).

→ La situation des stagiaires

▶ **La rémunération.** Si le stage est organisé à l'initiative de l'employeur, il y a maintien de la rémunération. S'il s'agit d'un congé individuel de formation, la rémunération est maintenue, à la condition qu'il y ait une prise en charge des dépenses par un organisme professionnel (art. L. 6322-14 à L. 6322-24). S'agissant du DIF, les heures consacrées à la formation pendant le temps de travail ouvrent droit au maintien de la rémunération (art. L. 6323-13), celles hors du temps de travail ouvrent droit au versement de l'allocation de formation (art. L. 6323-14).

▶ **La protection sociale.** Les stagiaires sont ***obligatoirement affiliés à un régime de Sécurité sociale.*** Si le salarié est en stage, il garde le même régime de protection.

→ Le rôle des représentants du personnel

La formation professionnelle entre dans le champ des attributions du comité d'entreprise, qui est consulté sur les mesures qui affectent la formation professionnelle du personnel (art. L. 2323-6). Tous les ans, le comité d'entreprise doit être consulté sur les ***orientations de la formation professionnelle*** dans l'entreprise (art. L. 2323-33 et L. 2323-34) ainsi que sur l'***exécution du plan de formation pour l'année en cours*** et sur le ***projet de plan pour l'année à venir***. Dans la pratique, le comité d'entreprise ou les délégués du personnel se font communiquer des documents d'information, ainsi que le bilan des actions de formation de l'année passée. Et l'employeur s'expose à des sanctions s'il ne consulte pas le comité d'entreprise sur ce point.

→ La participation des employeurs

Toutes les entreprises participent au financement de la formation professionnelle continue :

- ***Si l'entreprise emploie moins de 10 salariés***, l'employeur doit un pourcentage minimal du montant des rémunérations versées pendant l'année en cours s'élevant à 0,55% (art. L. 6331-2).
- ***Si elle emploie au moins 10 salariés***, l'employeur participe à hauteur de 1,6 % du montant des salaires payés pendant l'année en cours (art. L. 6331-9). Pour les entreprises de travail temporaire, ce taux est fixé à 2 % des rémunérations versées pendant l'année en cours, quelles que soient la nature et la date de conclusion des contrats de travail.

Mais les employeurs peuvent s'acquitter de cette participation en concluant avec l'État un engagement de développement de la formation (association possible des régions). Les dépenses de formation des entreprises sont en progression constante.

II. L'entreprise et son personnel

Pour étudier le cadre de travail du salarié, nous envisagerons tout d'abord ***l'entreprise*** (A), puis ***le personnel*** de celle-ci (B).

A– L'entreprise

1. Les éléments constitutifs de l'entreprise

Trois éléments caractérisent l'entreprise : un ***organe de direction***, un ***personnel*** et une ***activité***.

→ Un organe de direction

À la tête de l'entreprise, se trouve un organe dirigeant qui est appelé l'employeur ou le chef d'entreprise. Ce sont deux termes différents, que l'on confond dans les entreprises individuelles mais que l'on distingue dans les entreprises de forme sociétaire, dans lesquelles l'employeur est ***la société*** (la personne morale), et le chef d'entreprise, ***le PDG, le gérant*** ; c'est le représentant légal de la société. Toute personne peut s'instituer chef d'entreprise. Il faut tout de même être agréé par un ordre, une profession.

→ Un personnel

Ce sont les salariés liés par le contrat de travail. S'il n'y a pas de salariés, il n'y a pas d'entreprise au regard du droit du travail. Peu importe le nombre de salariés occupés par l'entreprise. Le droit fait cependant la distinction entre les petites et les grosses entreprises. En dessous de 11 salariés, il n'y a pas d'institutions représentatives du personnel. La qualification professionnelle des salariés est sans incidence.

→ L'activité poursuivie par l'entreprise

Elle doit être ***commune*** à l'employeur et aux salariés (par exemple, le personnel domestique n'est pas le salarié d'une entreprise).
Lorsque ces trois éléments sont réunis, l'entreprise est constituée. Cependant, selon l'activité poursuivie, la réglementation sera différente : il y a un droit du travail des mines, du commerce…

2. La distinction entre l'entreprise et l'établissement

➜ La distinction

- ***L'entreprise*** est le centre de décision économique à la tête duquel se trouve l'employeur ou le chef d'entreprise.
- ***L'établissement*** est une unité technique de production, sans indépendance technique, économique, juridique, à la tête de laquelle se trouve un délégué d'employeur (ce dernier a reçu pouvoir de...). L'établissement distinct est une notion fonctionnelle qui dépend de la nature de l'institution à mettre en place. Il regroupe des salariés ayant des intérêts propres et travaillant sous la seule direction d'un représentant de l'employeur, quels que soient les pouvoirs qui lui sont délégués (Soc., 2 octobre 2001, Dr. soc. 2001, 1129). Une communauté susceptible de générer des réclamations communes et spécifiques s'agissant de l'élection de délégués du personnel (Soc. 29 janvier 2003, Dr. soc. 2003, 453 ; soc. 13 juillet 2004, *RJS* 04, n° 1061), et une communauté susceptible de générer des revendications communes et spécifiques pour la désignation de délégués syndicaux (Soc. 24 avril 2003, *Dr. soc.* 2003, 780 ; soc. 13 septembre 2005, *JCP*, S 2005, 1404).

L'ensemble des établissements forment l'entreprise. La distinction entre entreprise et établissement ne concerne pas les petites unités dans lesquelles l'économique et le technique se confondent : toutes les décisions sont prises dans le même secteur géographique.

➜ La théorie de l'entreprise

En droit du travail, l'entreprise occupe une place de choix.

▸ Dans l'entre-deux-guerres, la doctrine a été influencée par la **théorie de l'institution**. C'est « la théorie institutionnelle de l'entreprise » de P. Durand, qui présente l'entreprise comme une communauté de travail réunissant le chef d'entreprise et les salariés, et mettant en œuvre des moyens qui permettent l'exploitation. C'est la mise en commun d'éléments humains, matériels. L'ensemble repose sur les pouvoirs reconnus au chef d'entreprise, mais des droits sont cependant reconnus aux salariés. Cette approche de l'entreprise a été critiquée par certains dans la mesure où il apparaît illusoire de fonder l'entreprise sur cette idée de ***communauté***. En effet, l'employeur et les salariés ont plutôt des relations conflictuelles. L'entreprise se confond ici avec la personne de l'employeur.
Le syndicat français est, depuis l'origine, marqué par cette opposition. En effet, les syndicalistes n'ont jamais admis l'idée de communauté d'entreprise. Progressivement pourtant, il sera fait allusion à ***l'intérêt*** de l'entreprise. Or cette notion est très diverse : il y a l'intérêt de l'entreprise elle-même, donc celui du patron, mais

il y a aussi l'intérêt des salariés. Et la question se pose de savoir si le droit du travail ne peut pas intégrer ces inévitables conflits.

▶ **Dans les années 1960-1970**, l'entreprise s'est adaptée. Il lui fallait, pendant cette période de croissance, revoir son mode d'organisation afin d'être plus efficace. Les aspirations des salariés sont alors prises en considération.

▶ **En 1975, le rapport Sudreau** formule des propositions qui touchent au droit commercial, au droit des sociétés, au droit du travail. Certaines de ces propositions auront des suites ; il en est ainsi du bilan social, du bilan annuel des entreprises, de la reconnaissance du droit d'expression des salariés.

▶ **À partir de 1981**, on va reprendre les propositions Sudreau qui n'avaient pas reçu de suite, notamment l'accroissement du rôle des représentants du personnel. Ces différentes mesures ont permis ce que certains ont appelé la réconciliation des Français avec l'entreprise. Pourtant, depuis quelques années, le chômage et la crise vont modifier l'approche de l'entreprise. Ce qui est privilégié, c'est ***l'entreprise créatrice d'emplois***, donc une entreprise en bonne santé. Les salariés semblent désormais conscients des impératifs patronaux. De ce fait, l'opposition entre le patron et les salariés tend à perdre son caractère systématique, car les uns et les autres essaient de surmonter leurs divergences. Ce qui importe, c'est l'emploi, c'est pourquoi la négociation est privilégiée, afin de tenir compte de la diversité d'intérêts.

B – Le personnel de l'entreprise

Le personnel de l'entreprise se compose de ***toute personne liée par un contrat de travail***. Le personnel est envisagé comme ***un groupe, une entité***.
La ***représentation du personnel*** s'est affirmée au cours du XXe siècle : aujourd'hui, la ***protection des représentants du personnel*** est juridiquement assurée et la ***fonction de représentation*** est réglementée.

1. La représentation du personnel

La représentation du personnel est une question nouvelle puisque, pendant le XIXe siècle et le début du XXe, la conception du droit du travail était individualiste. Puis progressivement, ce fut le passage de l'individuel vers le collectif. À défaut de constituer une communauté, les salariés ont formé une ***collectivité qui avait des droits à être représentée auprès de la direction***. Cette représentation a été progressivement acquise en droit.
Il convient d'étudier les ***organes de représentation***, ainsi que les ***modalités d'élection de ces représentants***.

→ Les organes de représentation

Une distinction est établie selon la taille de l'entreprise. C'est pourquoi l'on précisera le mode de calcul de l'effectif.

▶ **La condition de taille de l'entreprise.** Le personnel de l'entreprise ou de l'établissement doit avoir une certaine importance pour que soient mises en place des institutions représentatives légales. Dans les petites entreprises en effet, les relations ne sont pas de même nature car elles sont plus directes. Le système de représentation est assez complexe dans la mesure où différentes institutions sont superposées, mais les institutions ne vont fonctionner ***que si l'effectif de l'entreprise dépasse un certain seuil.*** Ainsi :

- ***Les délégués du personnel*** sont élus pour quatre ans, et rééligibles, dans tous les établissements d'au moins 11 salariés (art. L. 2312-1, art. L. 2314-26).
- ***Les comités d'entreprise*** existent lorsque l'entreprise occupe au moins 50 salariés (art. L. 2322-1). Les membres sont élus pour quatre ans, renouvelables (art. L. 2324-24). La mise en place d'un comité d'entreprise n'est obligatoire que si l'effectif d'au moins 50 salariés est atteint pendant 12 mois consécutifs ou non au cours des trois années précédentes (art. L. 2322-2). L'employeur dispose d'un délai d'un an à compter du franchissement de ce seuil pour se conformer complètement aux obligations d'information et de consultation du comité d'entreprise (art. L. 2322-2, al. 2).
- ***Les comités d'hygiène, de sécurité et des conditions de travail (CHSCT)*** sont mis en place dans les établissements occupant au moins 50 salariés (art. L. 4611-1). Ils sont désignés pour une durée de deux ans, leur mandat est renouvelable (art. R. 4613-5). Dans les établissements d'au moins 50 salariés, s'il n'existe pas de CHSCT, les délégués du personnel exercent les missions attribuées à ce comité avec les mêmes moyens et obligations que celui-ci (art. L. 2313-16).
- ***Les sections syndicales.*** Chaque syndicat représentatif peut décider de constituer une section syndicale (art. L. 2142-1). Chaque organisation syndicale représentative dans l'entreprise ou l'établissement de cinquante salariés ou plus, qui constitue une section syndicale, désigne, parmi les candidats aux élections professionnelles qui ont recueilli au moins 10 % des suffrages exprimés au premier tour des dernières élections au comité d'entreprise ou des délégués du personnel, un ou plusieurs délégués syndicaux pour la représenter auprès de l'employeur (art. L. 2143-3). Il faut que cet effectif ait été ***atteint pendant douze mois, consécutifs ou non, au cours des trois années précédentes*** (art. L. 2143-3 al. 2). Aussi importe-t-il de savoir comment on comptabilise l'effectif.

Afin d'offrir à tous les salariés des très petites entreprises (TPE) un droit à être représentés, le projet de loi relatif au dialogue social et à l'emploi du 22 avril 2015 institue une commission paritaire interprofessionnelle au niveau régional composée de vingt membres afin de représenter les salariés et les employeurs des entreprises de moins de onze salariés (art. L. 23-111-1). Les membres sont désignés pour quatre ans et leur mandat est renouvelable (art. L. 23-112-3).

▶ **Le mode de détermination de l'effectif.** La loi du 28 octobre 1982 a posé les critères suivants :

- On compte pour une unité tout salarié de l'entreprise embauché avec un ***contrat de travail à durée indéterminée*** (art. L. 2322-6 ; L. 1111-2 ; L. 1251-54).
- Pour les travailleurs ***à temps partiel***, il faut diviser la somme des horaires inscrits aux contrats par la durée légale ou conventionnelle du travail (art. L. 1111-2, 3°).
- S'agissant des salariés ***à contrat à durée déterminée***, ils sont pris en compte dans l'effectif au prorata de leur temps de présence dans l'entreprise au cours des douze mois précédents (art. L. 1111-2, 2°).

▶ **Réunions communes des institutions représentatives du personnel.**
Le projet de loi relatif au dialogue social et à l'emploi permet à l'employeur d'organiser des réunions communes de plusieurs des institutions représentatives du personnel lorsqu'un projet nécessite leur information ou leur consultation (art. L. 23-101-1). L'ordre du jour est communiqué au moins huit jours avant la séance aux membres des institutions réunies.

➜ Les élections

Les mêmes règles s'appliquent à l'élection des délégués du personnel et des membres du comité d'entreprise. L'élection des représentants du personnel au comité d'entreprise et celle des délégués du personnel ont lieu à la même date (art. L. 2324-3). L'employeur informe tous les quatre ans le personnel par tout moyen permettant de conférer date certaine à cette information. Le document diffusé précise la date envisagée pour le premier tour.

▶ **L'électorat, l'éligibilité**

- ***Pour être électeur***, il faut être salarié depuis au moins trois mois dans l'entreprise, avoir 16 ans accomplis et n'avoir jamais fait l'objet de condamnations pénales (art. L. 2314-15).
- ***Pour être éligible***, il faut être électeur (art. L. 2314-16). Il faut avoir travaillé dans l'entreprise pendant un an au moins, et avoir 18 ans accomplis. Les salariés liés familialement à l'employeur ne sont pas éligibles.

▸ **Les opérations électorales**

L'élection a lieu ***pendant le temps de travail*** (art. L. 2314-22), au ***scrutin secret*** sous enveloppe ou par vote électronique (art. L. 2314-21). Les litiges sont de la compétence du juge d'instance.

➜ Le protocole d'accord préélectoral

Un protocole d'accord préélectoral peut être conclu entre l'employeur et les organisations syndicales intéressées. La validité de ce protocole est subordonnée à sa signature par la majorité des organisations syndicales ayant participé à sa négociation, dont les organisations syndicales représentatives ayant recueilli la majorité des suffrages exprimés lors des dernières élections professionnelles ou, lorsque les résultats ne sont pas disponibles, la majorité des organisations représentatives dans l'entreprise (art. L. 2324-4-1).

2. La protection des représentants du personnel

Les représentants du personnel sont plus exposés que les autres salariés, car ils sont amenés à s'opposer à l'employeur. C'est la raison pour laquelle ils bénéficient d'une certaine protection. Par ailleurs, la loi du 28 octobre 1982 a étendu le nombre des personnes protégées.

➜ Les personnes protégées

Ce sont :

- les ***délégués du personnel en cours de mandat*** (art. L. 2421-3) ;
- les ***membres du comité d'entreprise*** (art. L. 2421-3) ;
- les ***membres du CHSCT*** ;
- les ***candidats aux élections***. Ils sont protégés pendant les six mois qui suivent la publication des candidatures (art. L. 2411-7) ;
- les ***candidats aux fonctions de membre du comité d'entreprise***. Ils sont protégés pendant les six mois qui suivent l'envoi des listes de candidatures à l'employeur (art. L. 2411-10) ;
- les ***salariés qui ont demandé l'organisation des élections*** ;
- les ***anciens délégués du personnel et membres du comité d'entreprise et du CHSCT*** ;
- les ***représentants syndicaux en cours de mandat*** (art. L. 2411-3), les représentants syndicaux au comité d'entreprise (art. L. 2421-3), au CHSCT ;
- les ***anciens représentants syndicaux*** qui ont exercé leurs fonctions pendant un an au moins, deux ans s'ils étaient représentants syndicaux au comité d'entreprise (art. L. 2411-3 al. 2 ; art. L. 2411-8 al. 2).

→ La protection contre le licenciement

Il convient de distinguer entre :

- ***Les membres du comité d'entreprise.*** L'employeur organise l'entretien (art. L. 1232-2). Il consulte le comité d'entreprise et adresse la demande d'autorisation du licenciement à l'inspection du travail (art. L. 2421-3). Toutefois, le chef d'entreprise peut prononcer la mise à pied immédiate de l'intéressé en cas de faute grave, en attendant la position de l'inspection du travail.
- ***Les délégués du personnel.*** Tout licenciement est soumis au comité d'entreprise qui donne un avis (art. L. 2421-3). L'inspecteur du travail intervient, mais la mise à pied de l'intéressé est possible en cas de faute grave, en attendant la décision de l'inspecteur du travail.
- ***Le délégué syndical.*** Le licenciement d'un délégué syndical ne peut intervenir qu'après l'autorisation de l'inspecteur du travail. Mais, là encore, l'employeur peut prononcer la mise à pied immédiate de l'intéressé à la condition de la notifier à l'inspection du travail dans un délai de 48 heures. Si ce dernier refuse le licenciement, la mise à pied est annulée (art. L. 2421-1).

3. La fonction de représentation

Pour accomplir leur mission, les représentants du personnel disposent d'***heures de délégation*** et jouissent d'une ***liberté de déplacement dans l'entreprise***.

→ Les heures de délégation

Le représentant du personnel dispose d'un ***crédit d'heures*** pour exercer sa fonction de représentation.

▶ **Le crédit d'heures.** Le chef d'entreprise est tenu de laisser aux représentants du personnel ***le temps suffisant pour qu'ils puissent exercer leurs fonctions*** : 20 heures par mois pour les membres du comité d'entreprise (art. L. 2325-6), 15 heures pour les délégués du personnel si l'effectif de l'entreprise est d'au moins 50 salariés (art. L. 2315-1), 10 heures dans les entreprises de moins de 50 salariés, et entre 2 et 20 heures pour les membres du CHSCT (art. L. 4614-3). Ces heures sont ***rémunérées comme temps de travail.***

Il n'est pas interdit d'augmenter ces crédits d'heures légaux par voie d'accords collectifs. Ce peut être un usage dans l'entreprise. Quoi qu'il en soit, en cas de circonstances exceptionnelles (licenciement collectif important, conflit collectif), la limite de ce crédit d'heures sera en pratique dépassée.

▶ **L'utilisation du crédit d'heures.** L'utilisation des heures de délégation doit être conforme à l'objectif fixé par le législateur.
Ces heures doivent être consacrées à des activités qui se rattachent aux fonctions représentatives. Mais, si les circonstances l'exigent, il peut y avoir un dépassement du crédit d'heures. Dans ce cas, les heures sont rémunérées. Si tel n'est pas le cas, elles ne le seront pas, et le dépassement pourra constituer une faute (sanction disciplinaire possible ; ce peut être une cause de licenciement si les dépassements sont trop fréquents). La question se pose de savoir comment va s'effectuer le paiement.

▶ **Le paiement à l'échéance normale.** ***Ces heures sont payées à l'échéance normale : le crédit d'heures est en effet considéré de plein droit comme temps de travail,*** que l'employeur doit payer. Toutefois, si celui-ci conteste l'usage fait du crédit d'heures, il pourra saisir le conseil de prud'hommes afin de se faire éventuellement rembourser.
Une restriction a été posée par la Cour de cassation à la règle du paiement à l'échéance normale. En effet : « *L'obligation pesant sur l'employeur de payer à l'échéance normale, comme temps de travail, le temps nécessaire aux représentants du personnel pour l'exercice de leur fonction, est* ***limité aux heures dont le nombre est fixé par la loi ou par accord collectif plus favorable****, et ne s'étend pas à celles qui sont prises en fonction de circonstances exceptionnelles dont il appartient au salarié d'établir l'existence préalablement à tout paiement par l'employeur.* » (Cass. crim., 3 juin 1986, Dr. soc., 1986, p. 757). En cas de contestation, il appartient aux représentants du personnel de préciser les activités exercées pendant le temps de délégation, et il appartient à l'employeur d'établir la non-conformité de l'utilisation de ce temps avec le mandat (Cass. soc., 2 mai 1989, Dr. soc., 1989, p. 639).

→ La liberté de déplacement

▶ **Le Code du travail** ***pose le principe de la liberté de déplacement dans et hors de l'entreprise***, avec certaines limites (art. L. 2315-5).

- Pour l'exercice de ses fonctions, le représentant du personnel peut ***se déplacer à l'extérieur de l'entreprise durant les heures de délégation***. Si un accident survient pendant ce laps de temps, il est assimilé à un accident du travail et indemnisé comme tel.
- ***À l'intérieur de l'entreprise, la circulation est libre à tout moment.*** Des contacts peuvent être pris avec les salariés qui sont restés à leur poste de travail, à condition toutefois de ne pas apporter de gêne importante à l'accomplissement du travail. Les juges apprécient notamment la durée de l'entretien.

▶ **Dans les faits**, cette liberté est nuancée par l'existence des **bons de délégation**. Cette pratique ne peut être détournée de son objet (soc. 10 mai 2006, *JCP*, S 2006, 1499). Normalement, on ne peut contrôler au préalable l'utilisation des heures de délégation. Pourtant, dans certaines entreprises, le délégué du personnel qui veut quitter son poste a l'obligation de se faire remettre par son supérieur un bon de délégation. Certes, on peut discuter le caractère licite d'une telle pratique, qui permet en fait de comptabiliser les heures de délégation. Mais si un tel régime est en place dans l'entreprise, souvent après concertation, le représentant qui refuse d'utiliser le bon commet une faute ; toutefois, même dans ce dernier cas, les heures de délégation doivent être rémunérées, car serait considéré comme une sanction pécuniaire le fait d'opérer des retenues sur la rémunération de ces heures en raison du refus d'utiliser ces bons.

III. L'employeur

Le chef d'entreprise dispose d'un ***pouvoir de direction*** : il embauche, détermine les conditions de travail, les horaires… (A). Il peut également sanctionner le salarié, dans l'exercice de son ***pouvoir disciplinaire*** (B).

A– Le pouvoir de direction de l'employeur

Après avoir rappelé la ***distinction entre chef d'entreprise et employeur***, on verra que le pouvoir du chef d'entreprise s'affirme essentiellement lors de la ***rédaction du règlement intérieur***.

1. La distinction chef d'entreprise/employeur

L'employeur est la personne physique ou morale qui est partie au contrat. Mais la distinction n'est pas toujours aussi nette, dans la mesure où, par exemple, certains cadres supérieurs ne sont pas véritablement dans une situation de subordination. Cela dit, ***les qualités d'employeur et de salarié ne peuvent se confondre***. Le salarié est lié par un contrat de travail à l'employeur, qui est le propriétaire de l'entreprise. Mais les deux termes, employeur ou chef d'entreprise, sont indifféremment utilisés par la jurisprudence. Deux pouvoirs sont traditionnellement reconnus :

▶ **Le pouvoir de direction.** C'est un arrêt *Établissement Brinon* du 31 mai 1956 qui a posé l'affirmation du pouvoir de direction économique du chef d'entreprise : le chef d'entreprise, l'employeur, est le ***seul juge de l'opportunité des décisions à prendre relativement à la gestion économique*** de l'entreprise. Cette jurisprudence n'est sans doute plus d'actualité, car la recherche d'un repreneur s'impose à l'entreprise ou l'établissement d'au moins mille salariés en cas de projet de fermeture (art. L. 1233-57-14 et s.).

▶ **Le pouvoir d'organisation.** L'employeur est responsable de la bonne marche de l'entreprise. À ce titre, il a le droit d'en organiser les services (modifier les horaires de travail). Cependant, il ne s'agit pas d'un pouvoir discrétionnaire : ***il doit exercer ses pouvoirs dans l'intérêt de l'entreprise***. Le droit administratif connaît la notion de détournement de pouvoir ; en droit du travail, un chef d'entreprise se rendrait coupable d'un tel détournement s'il prenait une mesure répondant à un motif étranger à l'intérêt de l'entreprise.

2. Le règlement intérieur

La doctrine évoque à ce propos « le pouvoir réglementaire du chef d'entreprise ». ***Ce document*** est l'élément fondamental de ce pouvoir, mais ***d'autres documents***, les notes de service, les circulaires, s'appliquent aux salariés.

➜ L'importance du règlement intérieur

Le règlement intérieur est ancien. Il est apparu au XIXe siècle. Pendant la révolution industrielle, les employeurs ont dû s'adapter aux nouvelles conditions de travail, aux transformations nécessaires de l'entreprise désormais plus vaste. On connaissait à l'époque la pratique du ***règlement d'atelier***, mais seuls quelques textes épars concernaient la matière dans le Code. La loi du 4 août 1982 a donné une actualité à la question du règlement intérieur. Après avoir rappelé les ***conceptions en présence***, on évoquera le ***contenu du règlement***, son ***élaboration***, et le ***contrôle de l'inspection du travail***.

▶ **Les conceptions.** Deux théories s'opposent :

- ***La conception contractuelle.*** Le règlement intérieur s'impose au salarié. Élaboré de façon unilatérale par l'employeur, il est accepté par le salarié lors de l'embauche. C'est la raison pour laquelle on peut affirmer qu'il y a accord de volonté sur ce point. Il devient obligatoire pour chacune des parties au contrat. Il vient s'incorporer au contrat. On peut cependant critiquer cette conception dans la mesure où, en fait, il n'y a pas de consentement véritable de la part du salarié.
- ***La conception institutionnelle.*** L'entreprise est perçue comme une institution. C'est la conception de P. Durand. Le chef d'entreprise coordonne la communauté. Le règlement intérieur est « *le droit de l'entreprise* ». C'est une conception qui mérite aussi la critique, dans la mesure où l'entreprise n'est pas une communauté.

La loi du 4 août 1982 a donné une importance certaine au règlement intérieur. La volonté du législateur est en fait de ***ne plus considérer le règlement comme une simple annexe du contrat de travail.*** Mais son contenu est désormais limité aux questions relatives à l'hygiène, la sécurité, la discipline. Le règlement intérieur est applicable à toute personne qui exécute un travail dans l'entreprise, qu'elle soit liée ou non par un contrat de travail. La liberté de l'employeur est cependant réduite, dans la mesure où les dispositions du règlement doivent être soumises à l'avis du comité d'entreprise. Il n'apparaît donc plus comme un document unilatéral.

▶ **Le contenu du règlement.** Le règlement contient les mesures d'application de la réglementation ***en matière de santé et de sécurité*** dans l'entreprise (art. L. 1321-1). Il contient les ***règles générales et permanentes relatives à la discipline***, c'est-à-dire le respect des horaires, de la circulation dans l'entreprise. Il rappelle les ***dispositions relatives aux droits de la défense***, notamment lors d'une procédure disciplinaire et les dispositions relatives aux ***harcèlements moral et sexuel*** prévues par le code (art. L. 1321-2).

Toute autre disposition doit être exclue du document. Il est possible que certaines des dispositions exclues soient reprises dans le contrat de travail ou par voie d'accord d'entreprise, mais sans être contraire aux lois et règlements en vigueur. Le règlement ***ne peut par ailleurs comporter des dispositions discriminant les salariés dans leur emploi ou leur travail*** (art. L. 1321-3, 3°). Il ***ne doit pas porter atteinte aux droits fondamentaux*** des salariés, car « *il ne peut apporter aux droits des personnes et aux libertés individuelles et collectives des restrictions qui ne seraient pas justifiées par la nature de la tâche à accomplir ni proportionnées au but recherché* » (art. L. 1321-3, 2°). Ainsi, si le contrôle des vestiaires peut être admis, il doit se faire en présence du salarié ; l'Alcootest ne peut être imposé qu'aux salariés qui effectuent certains travaux (par exemple, la conduite de véhicules).

▶ **L'élaboration.** Le règlement intérieur est ***obligatoire dans les entreprises ou établissements qui emploient habituellement au moins 20 salariés*** (art. L. 1311-2). Mais des dispositions spéciales peuvent être établies pour une catégorie de personnel ou une division de l'entreprise ou de l'établissement. Une entreprise disposant de plusieurs établissements peut établir un règlement intérieur unique tout en prévoyant des dispositions propres à tel ou tel établissement pour tenir compte des spécificités de certains.
Les représentants du personnel sont consultés pour avis (art. L. 1321-4). Le document est ***déposé au greffe du conseil de prud'hommes*** du ressort de l'entreprise ou de l'établissement (art. R. 1321-2). Il doit être ***affiché dans l'entreprise et communiqué à l'inspecteur du travail*** qui pourra exercer son contrôle.

▶ **Le contrôle.** Il s'effectue à deux moments :
- ***Avant l'entrée en vigueur du règlement*** (art. L. 1321-4 al. 3), l'inspecteur peut contester le contenu, exiger la modification, le retrait de certaines clauses, étant entendu que l'employeur peut exercer un recours contre les décisions de l'administration (art. L. 1322-3).

- ***À tout moment***, l'inspecteur peut exiger le retrait ou la modification du règlement s'il l'estime contraire à la loi (art. L. 1322-1). Mais il doit expliquer sa position (faire état, par exemple, d'une modification de la législation en vigueur). Là encore, l'employeur pourra exercer un recours s'il estime la décision abusive.

➜ Les autres documents

Le règlement intérieur n'est pas le seul document écrit dans l'entreprise. D'autres documents font référence à des mesures applicables à l'ensemble des salariés ou à une certaine catégorie d'entre eux : ce sont les ***notes de service***, les ***circulaires***. Le problème est d'empêcher que le règlement intérieur ne soit vidé de son contenu par le biais de notes de service. C'est pourquoi l'article L. 1321-5 al. 1 du Code du travail rappelle que « *les notes de service, quand il existe un règlement intérieur, sont considérées comme des* ***adjonctions*** *à ce règlement intérieur* ».

B– Le pouvoir disciplinaire

1. Le contenu du pouvoir disciplinaire de l'employeur

L'employeur a le pouvoir de prononcer des sanctions à l'encontre des salariés qui commettent des fautes. Au XIXe siècle, on connaissait le ***règlement d'atelier,*** qui comportait une échelle de sanctions à l'encontre des salariés fautifs. À cela s'ajoutait le ***système des amendes,*** qui venaient amputer le salaire du travailleur. En fait, celles-ci constituaient un moyen commode pour l'employeur de réduire la rémunération. Il faudra attendre la loi du 9 février 1932 pour que soit prononcée ***leur interdiction de principe***.
Pourtant, l'employeur a le droit de prononcer des sanctions à l'encontre des salariés qui commettent des fautes.

➜ Définition de la notion de sanction

Le pouvoir disciplinaire est inhérent à la fonction de chef d'entreprise, si l'on privilégie l'approche institutionnelle. Pourtant, ce droit reconnu au patron de prononcer des sanctions s'inscrit dans le prolongement de la conception contractuelle, car le salarié, lors de l'embauche, accepte de se soumettre aux dispositions du règlement intérieur, aux dispositions disciplinaires en vigueur dans l'entreprise.
La mesure de sanction est de nature à affecter immédiatement ou non la présence du salarié dans l'entreprise, sa fonction, sa carrière ou sa rémunération. La mesure est prise ***en raison d'un agissement du salarié considéré comme fautif par l'employeur***. C'est le comportement qui ne correspond pas à l'exécution normale

de la relation de travail. En fait, la sanction implique un travail de mauvaise qualité de la part du salarié : on met là en cause la bonne volonté du salarié.
Selon la définition de l'article L. 1331-1 du Code du travail : « *Constitue une sanction toute mesure autre que les observations verbales, prise par l'employeur à la suite d'un agissement du salarié considéré par lui comme fautif, que cette mesure soit de nature à affecter immédiatement ou non la présence du salarié dans l'entreprise, sa fonction, sa carrière ou sa rémunération.* »

➜ La nature des mesures

L'employeur peut prendre différentes mesures. On peut citer :

▶ **La mise à pied.** C'est une suspension du contrat de travail. La période de suspension varie d'un à plusieurs jours, et jusqu'à plusieurs semaines. Le salarié ne va pas à son travail et n'est pas payé.

▶ **Le blâme.**

▶ **La mutation.** Elle est considérée comme une sanction disciplinaire quand elle est décidée à la suite d'un comportement fautif du salarié.

▶ **La rétrogradation.** Elle n'est pas en soi une sanction pécuniaire illicite, si elle correspond à un changement de poste, à une réduction des responsabilités.
Rappelons que ***les amendes sont prohibées, ainsi que toute autre sanction pécuniaire*** (art. L. 1331-2).

▶ **Le licenciement.**

2. La procédure disciplinaire

➜ Le fond

Aucun fait fautif ne peut donner lieu à lui seul à l'engagement de poursuites disciplinaires au-delà d'un ***délai de deux mois à compter du jour où l'employeur en a eu connaissance*** (art. L. 1332-4). L'acte déclenchant la procédure disciplinaire (par exemple, convocation à un entretien) doit donc être introduit dans les deux mois ; il appartient à l'employeur de prouver le moment où il a eu connaissance du fait reproché. Par ailleurs, aucune sanction antérieure de plus de trois ans à l'engagement des poursuites disciplinaires ne peut être invoquée à l'appui d'une nouvelle sanction (art. L. 1332-5).

➜ La forme

La sanction disciplinaire doit être ***motivée et notifiée par écrit à l'intéressé*** (art. L. 1332-1). En effet, le salarié doit être ***informé des griefs retenus contre lui*** : de simples observations verbales ne peuvent suffire (art. L. 1331-1). L'employeur convoque le salarié et ***recueille ses explications*** (art. L. 1332-2). Il lui indique le ***motif de la sanction.***

L'entretien est obligatoire, sauf si la sanction envisagée n'a pas d'incidence immédiate sur la présence, la carrière ou la rémunération du salarié (art. L. 1332-2). On fera toutefois remarquer que tout avertissement a, en pratique, des conséquences sur la carrière du salarié.

La sanction ne peut intervenir ***moins de deux jours*** ouvrables, ***ni plus d'un mois*** après le jour fixé pour l'entretien (art. L. 1332-2 al. 4). Elle est motivée et notifiée à l'intéressé.

3. Le contrôle du juge

En cas de litige, le conseil de prud'hommes est saisi et apprécie si les faits reprochés au salarié sont de nature à justifier une sanction. L'employeur fournit au conseil les éléments pour se prononcer, et le juge forme sa conviction au vu de ces éléments (art. L. 1333-1). Le juge doit contrôler la ***réalité de la faute.*** Si le salarié n'a pas commis de faute, la sanction est annulée. Le conseil peut ***annuler une sanction irrégulière, injustifiée ou disproportionnée à la faute commise*** (art. L. 1333-2). Mais il ne peut prononcer une sanction différente de celle prévue par l'employeur. S'agissant des ***irrégularités dans la forme***, le juge peut ne pas annuler une sanction irrégulière. Il dispose en principe d'un ***pouvoir d'appréciation de l'opportunité.*** En effet, si la sanction est justifiée par des motifs sérieux, il ne faudrait pas qu'une irrégularité formelle permette d'annuler toute la procédure.

3 chapitre

Le contrat de travail

Étudier le contrat de travail vise à analyser ***la relation individuelle de travail, la relation employeur-salarié.*** Une directive européenne du 14 octobre 1991 exige que le salarié soit informé ***par écrit*** des conditions applicables à son contrat. En droit, l'écrit s'inscrit dans une obligation d'information à la charge de l'employeur, le document pouvant être une lettre d'embauche ou un véritable contrat de travail. Conformément à la directive du 14 octobre 1991, l'employeur doit informer par écrit le salarié des **éléments essentiels applicables à la relation de travail** (lieu de travail, rémunération…). Mais « *le contrat de travail doit être constaté dans les formes qu'il convient aux parties contractantes d'adopter* » (art. L. 1221-1). C'est un contrat consensuel, synallagmatique, à exécution successive.

Après avoir rappelé les ***conditions de conclusion du contrat de travail*** (1), nous étudierons les ***conditions de son exécution*** (2), puis ***celles de sa rupture*** (3).

I. La conclusion du contrat de travail

A– Caractéristiques et spécificité du contrat de travail

Afin de lutter contre le travail clandestin, l'article 21 de la loi du 31 décembre 1991, relative à l'emploi et au développement du travail à temps partiel, rend obligatoire pour les employeurs une ***déclaration nominative auprès des organismes de protection sociale désignés à cet effet préalable à toute embauche*** (art. L. 1221-10). Cependant, depuis le 1er juillet 1996, les employeurs peuvent utiliser la ***déclaration unique d'embauche***, qui leur facilite les formalités ainsi que l'accès à certaines aides. Par ailleurs, avant l'embauche ou au plus tard avant l'expiration de la période d'essai, la personne recrutée doit faire l'objet d'un ***examen médical effectué par le médecin du travail***, examen visant à établir que le salarié est apte à occuper le poste de travail prévu et qu'il n'est pas atteint d'une affection dangereuse pour l'entourage (art. R. 4624-11). À l'issue de la visite médicale, le médecin remet au salarié une fiche d'aptitude et en transmet le double à l'employeur, qui doit le conserver pour le présenter à tout moment, sur demande, à l'inspecteur du travail (art. R. 4624-47). Cela étant rappelé, il nous faut maintenant définir la notion de contrat de travail. Le contrat de travail est la ***convention par laquelle l'un des contractants, appelé salarié, s'engage pour un temps déterminé ou indéterminé ou pour un travail déterminé, à fournir à l'autre partie, l'employeur, ses services personnels, sous la direction et le contrôle de l'employeur, moyennant une rémunération. Trois critères*** se dégagent de cette définition, permettant de ***distinguer le contrat de travail de contrats voisins.***

1. Les critères du contrat de travail

Ce sont la ***prestation de travail***, la ***rémunération*** et la ***subordination.***

➜ La prestation de travail

C'est ***l'activité de l'homme*** ; dans un contrat de travail, le salarié s'engage à fournir ses services personnels. Le genre de travail fourni peut être tout à fait divers quant à sa nature ; ce peut être une activité manuelle, intellectuelle. N'importe quelle activité peut faire l'objet d'un contrat de travail.

➜ La rémunération

Le contrat de travail est un ***contrat synallagmatique de type onéreux.*** Une rémunération doit être convenue, ***expressément ou tacitement*** (par exemple sur la base de la convention collective si la rémunération n'est pas fixée dans le contrat).

➜ La subordination

▸ **Le genre de subordination.** On distingue habituellement la subordination ***économique*** et la subordination ***juridique.***

- ***La subordination économique.*** Elle signifie que l'on dépend d'une autre personne quant à sa rémunération, que l'***on vit uniquement du fruit de son travail et de cette rémunération.*** Mais cette conception est imprécise. Le droit français lui préfère celle de la subordination juridique.
- ***La subordination juridique.*** Elle signifie que le salarié est placé sous l'autorité de l'employeur, qui a le pouvoir de lui donner des ordres quant à l'exécution du travail. Le salarié est techniquement subordonné. Le critère est donc ***technique*** : c'est la ***possibilité de donner des ordres.*** C'est pourquoi le salarié va bénéficier en contrepartie de mesures de protection.

Le contrat de travail place le salarié dans une situation de dépendance. Il y a subordination lorsque le salarié exerce son activité dans le cadre d'un service organisé par l'employeur qui lui impose des contraintes. En fait, il y a une coïncidence entre les deux critères : le salarié est économiquement subordonné à l'employeur par le salaire, et le patron lui donne des ordres. Mais, s'il y a doute, c'est le critère technique qui prévaut.

▶ **Les éléments qui caractérisent la subordination juridique.** Les tribunaux font état d'éléments significatifs. Ils vont, par exemple, s'attacher au comportement de l'employeur prétendu : s'il a ***accompli certaines prescriptions du Code du travail, inscriptions aux assurances sociales***... ce sont des indices qui montrent l'existence d'un contrat de travail. De la même façon, s'il ***impose un lieu, un horaire précis***, il y a une présomption d'existence d'une subordination juridique.

2. La spécificité du contrat de travail

On peut distinguer le contrat de travail de contrats voisins comme le ***contrat de société***, le ***contrat de mandat***, le ***contrat d'entreprise***.

→ Le contrat de société

L'article 1832 du Code civil définit le ***contrat de société*** comme « *le contrat par lequel deux ou plusieurs personnes conviennent de mettre en commun des biens ou leur industrie en vue de partager le bénéfice qui pourrait en résulter* ». Les associés s'engagent à ***participer aux pertes***. Ils sont tous ***placés sur un pied d'égalité***. Aucun ne peut donner d'ordres à l'autre en tant qu'associé : c'est l'*affectio societatis*. Si l'on peut admettre qu'entre l'employeur et le salarié il y ait le sentiment d'œuvrer pour un but commun, en droit le salarié ne peut jamais contribuer aux pertes, tandis que l'associé le peut. Un salarié peut cependant voir son salaire intégrer une participation au chiffre d'affaires réalisé.

→ Le contrat de mandat

Selon l'article 1984 du Code civil, « *le **contrat de mandat** est un contrat par lequel une personne donne à une autre le pouvoir de faire quelque chose pour le mandant et en son nom* ». Pour le distinguer du contrat de travail, il convient de noter que ce « *quelque chose* » que fait le mandataire, ce sont des ***actes juridiques*** (le mandataire passe un contrat au nom, pour le compte du mandant), tandis que le salarié effectue des ***actes matériels***. Le mandataire organise son travail en toute indépendance à l'égard du mandant, tandis que le salarié est placé sous l'autorité de l'employeur, dont le contrôle sera plus ou moins important suivant la place du salarié dans la hiérarchie professionnelle.
Mais la distinction entre le contrat de travail et le contrat de mandat est parfois malaisée. Il arrive qu'à l'occasion d'un contrat de travail, un mandat soit conféré

au salarié : le chef du personnel, le directeur, est un salarié dans l'entreprise. Or il a le pouvoir d'embaucher, donc de passer des contrats, et de représenter l'employeur. Deux contrats se superposent : un contrat de travail, un contrat de mandat. Et cela peut nuire à la netteté de la distinction.

→ Le contrat d'entreprise

« *Le* ***contrat d'entreprise*** *est le contrat par lequel un individu commande un ouvrage à une autre personne, moyennant une rémunération* » (art. 1710 C. civ.). Le contrat d'entreprise est caractérisé par l'indépendance de l'entrepreneur. Celui-ci conserve sa liberté dans l'exécution du travail, il assume le risque économique de sa propre entreprise. Il n'y a pas de contrôle du donneur d'ordre sur l'activité de l'entrepreneur. Les ordres du maître de l'ouvrage concernent l'orientation générale du travail, le but à atteindre. L'entreprise, elle, conserve sa liberté quant aux moyens d'exécution.
Dans les faits, il n'est pas si aisé de faire la distinction entre ces différents types de contrats.

B– Les modalités de conclusion du contrat de travail

Les caractères généraux du contrat de droit civil s'appliquent au contrat de travail : consentement, capacité, objet et cause. Le droit du travail français ne connaît pas le contrat de travail à vie, à la différence du Japon par exemple. Mais les embauchages de salariés peuvent intervenir tout de même pour une durée qui sera souvent longue dans la pratique. L'embauche peut aussi être faite pour une durée plus courte : c'est l'embauche à titre précaire. Cependant, l'embauche à titre permanent est la règle : ***le contrat de travail à durée indéterminée est la forme normale et générale de la relation de travail.*** (art. L. 1221-2).
Nous étudierons successivement les ***parties au contrat de travail***, les ***conditions de conclusion du contrat***, et la ***période d'essai***.

1. La détermination des parties au contrat

Les deux parties au contrat de travail sont le ***salarié*** et l'***employeur***.

→ Le salarié

Les éléments à considérer pour la détermination de la qualité de salarié sont la subordination juridique, mais aussi la ***qualification professionnelle***.

▸ **La qualification professionnelle**. Le fait de classer les travailleurs entre les catégories ouvriers, employés et cadres ne suffit pas à déterminer leurs droits. Il faut tenir compte de la ***catégorie de l'emploi occupé*** par le travailleur.

Les conventions collectives établissent une ***nomenclature des emplois existant dans la profession***. Elles affectent chacun d'eux d'un indice hiérarchique qui sert à calculer la rémunération correspondante. La rémunération du travailleur dépend donc de la manière dont il a été classé par rapport à cette nomenclature, c'est-à-dire de sa qualification professionnelle. Et le travailleur a droit à ce que son travail soit conforme à celui défini pour la catégorie d'emploi à laquelle il est rattaché.

▶ **La détermination de la qualification**. Deux éléments permettent de déterminer la qualification du travailleur : ***la nature des fonctions exercées en fait***, et ***la convention avec l'employeur***, c'est-à-dire l'engagement par ce dernier de lui fournir un emploi d'un certain type.
La qualification professionnelle ne dépend pas du salaire payé. C'est elle qui, au contraire, détermine le salaire.

➜ L'employeur

En général, l'employeur est la personne qui, pour les besoins de son activité, se procure le service de salariés, en concluant un contrat de travail avec eux. Dans les entreprises individuelles, on admet que l'employeur est le propriétaire de l'entreprise : la qualification d'employeur se confond avec celle de chef d'entreprise ; c'est lui qui conclut le contrat. Cependant, il est des situations où la qualification d'employeur est parfois délicate : il faut préciser le cas du ***salarié en détachement***, le problème du ***groupement d'employeurs***, la ***modification dans la situation de l'employeur***.

▶ **Le salarié en détachement**. Le salarié est mis par son employeur à la disposition d'une autre entreprise, afin d'y accomplir une certaine mission. Cela est fréquent au sein des groupes de société. Mais certains détachements recouvrent parfois des ***prêts de main-d'œuvre déguisés***, qui sont interdits par la loi.
En cas de détachement, ***le contrat de travail qui lie le salarié à son entreprise d'origine subsiste***. Pendant le détachement, le salarié passe ***sous le contrôle de l'entreprise d'accueil***, laquelle est responsable des conditions de travail. Le salarié est soumis à son règlement intérieur.

▶ **Le groupement d'employeurs** (art. L. 1253-1; L. 1253-2). C'est une ***association qui regroupe des entreprises relevant de la même convention de branche***. L'association est ***déclarée à l'inspecteur du travail***. Le groupement réserve ses services à ses membres, mais il n'y a pas de profit financier.
Le groupement est l'employeur des salariés. Il est responsable des dettes à l'égard des salariés et des cotisations sociales salariales. ***Mais l'utilisateur***, pour chaque salarié mis à sa disposition, ***est responsable des conditions d'exécution du contrat***

de travail (art. L. 1253-12). Ce système est assez complexe et n'a pas eu le succès qu'on en attendait.

▶ **La modification dans la situation juridique de l'employeur.** S'il survient une modification dans la situation juridique de l'employeur, ***tous les contrats en cours au jour de la modification subsistent entre le nouvel employeur et le personnel de l'entreprise*** (art. L. 1224-1). En fait, il ne se passe rien. Pourtant, un changement (fusion, vente, mise en société) dans la situation juridique de l'employeur risque d'avoir un impact sur l'emploi.

Dans un arrêt du 15 novembre 1985 (Ass. plén., 15 novembre 1985, *Nova et Nettoitout*, *JCP*, 1986, II, 20705), la Cour de cassation affirme que ***la seule perte d'un marché ne suffit pas*** à caractériser la modification de la situation juridique de l'employeur. Que faut-il pour qu'il y ait un changement d'employeur ? Dans l'arrêt *Desquenne et Giral*, la Cour précise que le changement d'employeur implique ***l'existence d'un lien de droit entre les employeur successifs*** (Cass., 12 juin 1986, *D.*, 1986, 461). Pour sa part, la CJCE (aujourd'hui CJUE) ne retient pas ce critère, mais ***celui de l'activité économique gardant son identité*** (CJCE, 17 décembre 1987, *Rec. CJCE*, 5465). Il faut donc rechercher si l'exploitation est effectivement poursuivie par le nouveau chef d'entreprise.

Au bout du compte, par trois arrêts rendus le 16 mars 1990, la Cour de cassation a dégagé une ligne ferme : « *L'article L. 122-12 alinéa 2 (art. L. 1224-1) s'applique à tout transfert d'une entité économique conservant son identité et dont l'activité est poursuivie ou reprise, même en l'absence d'un lien de droit entre les employeurs successifs* » (Ass. plén., 16 mars 1990, *Dr. soc.*, 1990, 399). La Cour de cassation et la CJCE appliquent la règle du maintien des contrats de travail en cours lorsqu'il y a transfert d'une entité économique.

Comment définir l'entité économique ? Pour la Cour de cassation, l'entité économique suppose « *un service distinct disposant de moyens propres* » (Soc., 15 février 1992, *RJS*, avril 1992, n° 408). La Cour a aussi décidé que constitue une entité économique un « *ensemble organisé de personnes et d'éléments corporels ou incorporels permettant l'exercice d'une activité économique qui poursuit un objectif propre* » (Cass. soc., 7 juillet 1998, *Bull. civ.*, V, n° 363). La Cour de cassation exige qu'une entité économique autonome dispose de « moyens spécifiquement affectés à la poursuite d'une finalité économique propre » et que le salarié ait été « spécialement et exclusivement affecté à l'exploitation » de l'activité cédée. (Cass. soc. 9 novembre 2005, *JCP*, S 2006, 1004).

Le ***contrat de travail*** se poursuit. Par une fiction, on considère qu'il n'y a pas eu de modification du contrat. (Notons que le licenciement peut être considéré comme abusif s'il est prononcé pour faire échec à la règle du maintien des contrats en cours. Le salarié pourra au choix demander au repreneur la poursuite du contrat ou demander réparation à l'auteur du licenciement : Cass. soc., 20 mars 2002, *RJS* 6/02, n° 656.) Pour ce qui concerne les ***accords collectifs applicables dans l'entreprise***, l'article L. 2261-10 du Code du travail maintient la continuité des accords pendant un an (il faut du temps pour négocier). Les salariés conservent les avantages individuels qu'ils ont acquis en application de la convention collective, mais les avantages reconnus à l'ensemble des salariés ne peuvent s'imposer comme tels au cessionnaire. Cela dit, les salariés peuvent perdre les avantages acquis sous la menace d'un licenciement, la continuité de l'entreprise n'empêchant pas le nouvel employeur de procéder à des licenciements dans le cadre des mesures de réorganisation.

2. Les conditions de conclusion

→ Les conditions de fond

Le contrat de travail doit respecter les ***règles générales relatives à la validité des conventions***, c'est-à-dire le consentement, la capacité, l'objet et la cause.

Pour ce qui concerne l'objet et la cause, les principes du droit commun s'appliquent : ils doivent être licites. Il nous faut, en revanche, nous attarder sur le consentement et la capacité.

▶ **Le consentement**. Le consentement doit exister du côté de l'employeur comme du salarié. Le contrat de travail émane de l'employeur, et le salarié ne fait qu'adhérer au contrat : il n'y a pas de négociation. Le salarié entre dans une entreprise, et y sera soumis au règlement intérieur. Cependant, ***l'accord du salarié doit être personnel*** (on conclut le contrat pour soi) et ***exempt de vice***. Comme dans tout contrat, les vices du consentement (erreur, dol, violence) trouvent à s'appliquer. Mais le dol est moins fréquent dans la mesure où il implique une manœuvre. En revanche, le problème de la violence suscite un contentieux, surtout en période de chômage quand le salarié est amené à accepter des conditions léonines. La Cour de cassation se montre réservée sur cette question de la violence, dans la mesure où elle n'est pas retenue lorsque la conjoncture économique est en cause. Mais si l'employeur profite des circonstances pour exercer une pression sur le salarié, il y a violence morale.

▶ **La capacité**. C'est celle du droit commun. La femme mariée peut exercer une profession séparée de celle de son mari. Toute personne majeure peut être soit salariée, soit employeur. Mais le mineur doit être représenté pour conclure un contrat de travail. Il peut être émancipé à partir de 16 ans.

➜ Les conditions de forme

Le contrat de travail est soumis aux règles du droit commun. Il peut être constaté ***dans les formes qu'il convient aux parties d'adopter*** (art. L. 1221-1). Mais on a pu noter un regain du formalisme contractuel avec l'application de ***la directive communautaire du 14 octobre 1991 qui impose que les conditions de travail soient constatées par écrit***. Par ailleurs, le défaut d'écrit entraîne la nullité du contrat d'apprentissage, comme du contrat d'engagement maritime. Le contrat de travail à durée déterminée (CDD) doit aussi être écrit, sinon il est requalifié contrat de travail à durée indéterminée (CDI).

➜ La sanction

Si l'une des conditions de validité fait défaut, la sanction est la ***nullité***. Un contrat déclaré nul cesse de produire ses effets. Cependant, cette nullité n'entraîne pas l'anéantissement rétroactif du contrat. Le salarié conserve la rémunération qu'il a reçue, et peut réclamer les salaires qui ne lui ont pas été payés. Quand une clause simplement du contrat de travail est illicite, la clause est déclarée nulle, et, si elle n'est pas déterminante dans la conclusion du contrat, le contrat ne sera pas annulé.
L'embauchage à titre permanent est la règle car, rappelons-le, ***le contrat de travail est conclu pour une durée indéterminée*** (art. L. 1221-2). L'échange des consentements de l'employeur et du salarié donne normalement naissance à un engagement réciproque et définitif des parties au contrat. Mais dans la pratique, les parties s'accordent une ***période d'essai.***
L'ordonnance ***n° 2005-893 du 2 août 2005 a institué le contrat « nouvelles embauches »*** (art. L. 1223-1 et s.), pour les entreprises qui emploient au plus vingt salariés. Ce contrat écrit, conclu sans détermination de durée, peut être ***rompu à l'initiative des parties pendant les deux premières années dans certaines conditions*** (art. 2). Mais un ***délai de carence de trois mois*** doit être respecté par l'employeur avant la conclusion d'un nouveau contrat. Ce dispositif a été abrogé par la loi du 25 juin 2008 portant modernisation du marché du travail. Les contrats en cours sont requalifiés en contrats à durée indéterminée.

3. La période d'essai

Les parties peuvent n'avoir prévu aucune période d'essai. ***Il n'y avait pas dans le Code du travail de réglementation de la période d'essai. Les conventions collectives avaient comblé le vide juridique.*** C'est désormais chose faite (art. L. 1221-19 et s. issus de la loi du 25 juin 2008 portant modernisation du marché du travail). Des discussions doctrinales sont apparues dans ce domaine, concernant la dualité ou l'unité des contrats passés. En fait, les parties concluent dès le départ un contrat

de travail unique qui comprend une première phase : l'essai. ***Dès le début***, les relations de travail se nouent entre les parties (rémunération…). Les conventions collectives parlent d'ailleurs de ***période d'essai*** et non de contrat à l'essai : c'est la reconnaissance de l'unité juridique.
La finalité de l'essai est désormais précisée : la période d'essai permet à l'employeur d'évaluer les compétences du salarié dans son travail, notamment au regard de son expérience, et au salarié d'apprécier si les fonctions occupées lui conviennent (art. L. 1221-20).

→ La durée de la période d'essai

La période d'essai et la possibilité de la renouveler ne se présument pas. Elles sont expressément stipulées dans la lettre d'engagement ou le contrat de travail (art. L. 1221-23).
Le contrat de travail à durée indéterminée peut comporter une période d'essai dont la durée maximale est de **deux mois pour les ouvriers**, les employés, **trois mois pour les agents de maîtrise** et les techniciens, **quatre mois pour les cadres** (art. L. 1221-19). Elle peut être renouvelée une fois si un accord de branche le prévoit, sans dépasser, renouvellement compris, quatre mois, six mois et huit mois (art. L. 1221-21).
Lorsque le salarié a été malade, ou si l'entreprise a fermé pour congés, la période d'essai peut être prolongée de la durée de la suspension du contrat.

→ La rupture de la période d'essai

Pendant l'engagement à l'essai, chaque partie a la faculté de rompre le contrat de travail. La rupture décidée par l'employeur n'est pas assujettie aux règles du licenciement. Elle ne constitue ni un licenciement, ni une démission. Mais le salarié est prévenu dans un délai (délai de prévenance) qui ne peut être inférieur à vingt-quatre heures en deçà de huit jours de présence dans l'entreprise, quarante-huit heures entre huit jours et un mois de présence, deux semaines après un mois de présence, un mois après trois mois de présence (art. L. 1221-25). Lorsque le délai de prévenance n'est pas respecté, son inexécution ouvre droit pour le salarié, sauf s'il a commis une faute grave, à une indemnité compensatrice (art. L. 1221-5 al. 3).
Lorsqu'il est mis fin à la période d'essai par le salarié, celui-ci respecte un délai de prévenance de quarante-huit heures, vingt-quatre heures si la durée de présence du salarié dans l'entreprise est inférieure à huit jours (art. L. 1221-26).
Pour ce qui concerne les femmes en état de grossesse, l'article L. 1225-1 du Code du travail rappelle que « *l'employeur ne peut pas prendre en considération l'état de la femme pour résilier son contrat au cours de l'essai* ».
À l'expiration de la période d'essai, le contrat devient définitif. Il est ***réputé conclu dès l'origine*** et l'ancienneté court depuis ce moment (période d'essai comprise).

C– Les contrats atypiques

Se procurer de la main-d'œuvre est un souci constant pour l'employeur. Il lui faut un personnel qualifié, permettant à l'entreprise de réaliser ses objectifs.
La période 1945-1970 peut être qualifiée de période d'emploi régulier : le contrat à durée indéterminée reste la règle. À partir de 1970 et jusqu'aux années 1980, la crise se développe. La gestion de l'emploi dans l'entreprise va être profondément modifiée. Le contrat de travail à durée indéterminée reste la règle, mais l'on assiste à la ***multiplication des contrats de travail à durée déterminée*** (CDD), ***des contrats à temps partiel, du travail temporaire.*** Le droit sera l'instrument permettant la mise en place de ces situations. De sorte que, à côté du noyau dur dans l'entreprise, constitué par les salariés liés par un contrat à durée indéterminée, on trouve de plus en plus de ***travailleurs liés par un contrat atypique*** (par exemple un CDD), puis ***l'emploi extériorisé*** (une entreprise fait accomplir des tâches par des travailleurs qui ne sont pas liés à elle par un contrat de travail). Ces différents groupes ne sont cependant pas étanches, car un CDD peut parfois déboucher sur un CDI, par exemple.
Un CDD dont l'échéance est la réalisation d'un objet défini, d'une durée minimale de dix-huit mois et maximale de trente-six mois, peut être conclu pour le recrutement d'ingénieurs et les cadres (art. 6 de la loi n° 2008-596 du 25 juin 2008 portant modernisation du marché du travail).
On évoquera ***le travail précaire***, puis ***l'emploi temporaire***.

1. Le travail précaire

Le principe est qu'il n'y a pas de différence de traitement entre les salariés permanents dans l'entreprise et ceux liés par un contrat précaire.

→ La notion de travail précaire

La loi du 3 janvier 1979 intervient pour la première fois dans ce domaine. Elle évoque le fait de ***permettre une meilleure adaptation de l'emploi à l'économie***. En 1982, ces contrats sont encore des contrats d'exception, mais très vite il y aura des abus, au prétexte d'une lutte contre le chômage. La loi du 12 juillet 1990 tente d'éviter ces abus.

▶ **Les conditions d'utilisation des CDD.** L'article L. 1242-1 du Code du travail précise que ce contrat, quel que soit son motif, ***ne peut pourvoir durablement un emploi permanent de l'entreprise***. Il est conclu pour une ***tâche précise et temporaire***, et l'article L. 1242-2 énumère les cas pour lesquels un CDD peut être conclu : remplacement d'un salarié absent, augmentation de l'activité de l'entreprise, emploi à caractère saisonnier. L'article L. 1242-3 prévoit ce contrat pour

favoriser le recrutement de certaines catégories de personnes (chômeurs), et pour assurer un ***complément de formation*** au salarié. Mais ***on ne peut utiliser un CDD pour remplacer un salarié gréviste***.

▶ **Le renouvellement**. Le CDD peut être renouvelé une fois (deux fois dans le cadre d'un amendement au projet de loi relatif au dialogue social et à l'emploi) pour une durée qui ne peut dépasser 18 mois au total (art. L. 1242-8). À la fin du CDD, on ne peut recourir ni à un CDD ni à un contrat de travail temporaire pour pourvoir le poste du salarié avant l'expiration d'un ***délai de carence***, calculé en fonction de la durée du contrat, renouvellement inclus. Ce délai est égal au tiers de la durée du contrat venu à expiration si la durée du contrat, renouvellement inclus, est de quatorze jours au plus ; à la moitié de la durée du contrat venu à expiration si la durée du contrat, renouvellement inclus, est inférieure à quatorze jours (art. L. 1244-3). Il faut en effet éviter que, par ce biais, l'employeur ne précarise des emplois de longue durée. Mais ces dispositions ne sont pas applicables notamment en cas de rupture anticipée du fait du salarié, ou quand le salarié a refusé le renouvellement de son contrat (art. L. 1244-4).

▶ **La sanction**. ***Tout contrat qui méconnaît les cas d'utilisation prévus par la loi est réputé à durée indéterminée.*** Le salarié est affecté par la précarité injustifiée de son contrat ; c'est donc à sa demande que le contrat sera réputé à durée indéterminée.

➜ La condition de l'écrit

Le CDD doit être écrit (art. L. 1242-12). ***À défaut, il sera réputé à durée indéterminée.*** Le contrat doit aussi comporter un ***terme*** fixé avec précision lors de sa conclusion, la ***définition précise de son objet,*** et certaines mentions (nom des parties, durée du contrat, période d'essai, rémunération…)
Les cocontractants n'ont cependant pas une grande liberté quant à la fixation du terme puisque le législateur a fixé la durée maximale du contrat.

➜ Les droits des parties

Certains droits sont reconnus pendant le contrat ; d'autres, à son échéance.

▶ **Pendant le contrat**. Les salariés liés par un CDD ont les ***mêmes droits que ceux liés par un CDI (art. L. 1242-14), notamment quant aux salaires*** (art. L. 1242-15). Lorsque le contrat ne se poursuit pas par un CDI, le salarié a droit à une ***indemnité destinée à compenser la précarité de sa situation*** (10 % de la rémunération totale brute). Une convention ou un accord collectif de travail peut déterminer un taux plus élevé (art. L. 1243-8) ; ***cette indemnité est versée à l'issue du contrat***.

Le CDD peut comporter une ***période d'essai*** dont la durée est toutefois limitée par l'article L. 1242-10 du Code du travail : pas plus d'un mois pour les contrats supérieurs à six mois et de deux semaines pour les contrats plus courts. Pendant cette période, l'employeur et le salarié peuvent rompre le contrat sans avoir à verser d'indemnités à l'autre, sauf rupture abusive.

▶ **À l'échéance du contrat.** Les parties doivent exécuter le contrat. L'article L. 1243-1 permet la rupture anticipée ***sauf accord des parties, en cas de faute grave ou force majeure*** et, depuis la loi du 17 janvier 2002, si le salarié justifie d'une ***embauche à durée indéterminée*** (art. L. 1243-2). On précisera que :

- ***La faute doit être grave***. La perte de confiance n'est pas une faute grave. Il doit s'agir de faits qui rendent intolérable le maintien de relations contractuelles. Dans ce cas, la rupture n'est pas un licenciement. La procédure de licenciement n'est pas applicable ; c'est une ***mesure disciplinaire***.
- ***Quant à la force majeure***, elle doit être strictement entendue : ainsi, les circonstances économiques ne valent pas force majeure.

Dans tous les autres cas, la rupture du contrat est irrégulière, fautive. Quand elle est le fait de l'employeur, la rupture ouvre droit pour le salarié à des dommages-intérêts (art. L. 1243-4). Quand elle est le fait du salarié, elle ouvre droit pour l'employeur à des dommages-intérêts correspondant au préjudice subit art. L. 1243-3. Ces dispositions ne peuvent faire l'objet d'aménagements conventionnels.
Normalement, le CDD prend fin par l'arrivée du terme.

2. L'emploi temporaire

Le mode de recrutement de droit commun est le CDI. C'est pourquoi il a fallu réglementer strictement le ***recours au contrat de travail temporaire***, et préciser ce que recouvre ***l'emploi extérieur***.

→ Le contrat de travail temporaire

Un utilisateur ne peut faire appel aux salariés d'une entreprise de travail temporaire que pour l'exécution d'une ***tâche précise et temporaire*** dénommée « *mission* » (art. L. 1251-6), et dans les cas suivants : remplacement d'un salarié en cas d'absence, accroissement temporaire de l'activité de l'entreprise, emplois à caractère saisonnier.
La loi ne définit pas le travail temporaire, mais ***l'entrepreneur de travail temporaire*** (art. L. 1251-2) : « *Est entrepreneur de travail temporaire toute personne physique ou morale dont l'activité exclusive est de mettre à la disposition provisoire d'utilisateurs, des salariés qu'en fonction d'une qualification convenue, elle embauche et rémunère à cet effet.* »

Le travail temporaire a fait l'objet de nombreuses critiques, certains y voyant une activité de marchands d'hommes. C'est pourquoi la loi du 3 janvier 1972 ***a établi un statut légal du travail temporaire***. Désormais, « *le contrat de travail temporaire quel que soit son motif ne peut pourvoir durablement un emploi lié à l'activité normale de l'entreprise utilisatrice* » (art. L. 1251-5).

Il convient d'étudier la situation du travailleur temporaire pendant la durée de son contrat, et à la fin de sa mission :

▶ **La situation du travailleur temporaire**. Le travailleur temporaire est lié par un contrat de travail à l'entreprise de travail temporaire. Il est salarié de cette entreprise et il n'y a pas de lien contractuel entre le travailleur temporaire et l'entreprise à la disposition de laquelle il est placé. Le contrat de travail peut comporter une période d'essai qui ne peut excéder 2 jours si le contrat est conclu pour une durée inférieure ou égale à un mois, 3 jours si le contrat est conclu pour une durée comprise entre un et deux mois, 5 jours au-delà (art. L. 1251-14).

Le salarié est ***soumis aux dispositions du Code du travail relatives à la durée du travail, à l'hygiène et la sécurité***.

La ***rémunération*** qu'il perçoit ne peut être inférieure à celle que percevrait dans l'entreprise utilisatrice un salarié de qualification équivalente occupant le même poste de travail (art. L. 1251-18).

▶ **La situation du travailleur temporaire à la fin de sa mission**. Le contrat prend fin à l'échéance du terme. Si, à la fin de sa mission (art. L. 1251-32), le travailleur temporaire ne bénéficie pas immédiatement d'un contrat de travail à durée indéterminée avec l'utilisateur, il a droit, à titre de complément de salaire, à une ***indemnité destinée à compenser la précarité de sa situation***. Cette indemnité est égale à 10 % de la rémunération totale brute due au salarié. Elle n'est cependant pas due si le contrat est rompu à l'initiative du salarié, pour faute grave de sa part, ou en cas de force majeure. De plus, le salarié a droit à une ***indemnité compensatrice de congés payés*** pour chaque mission, quelle qu'ait été la durée de celle-ci (art. L. 1251-19) : son montant ne peut être inférieur au dixième de la rémunération totale due au salarié.

En cas de rupture anticipée, si celle-ci n'est pas de la faute du salarié, l'entreprise de travail temporaire doit proposer au salarié un nouveau contrat dans un délai de trois jours maximum (art. L. 1251-26). Mais si la rupture incombe au salarié, l'entreprise peut lui demander des dommages-intérêts, correspondant au préjudice subi (art. L. 1251-28). Enfin, si le salarié continue l'exécution de son contrat après sa mission, sans avoir conclu de contrat avec l'employeur, le contrat est ***réputé conclu à durée indéterminée*** (art. L. 1251-39).

→ L'emploi extérieur

L'extériorisation de l'emploi peut prendre des formes très diverses. Cependant, certains caractères permettent de distinguer la sous-traitance licite du prêt de main-d'œuvre illicite.

▸ **Les formes.** Il peut être fait appel à l'intervention du personnel d'une autre entreprise, on peut aussi confier à d'autres entreprises des tâches qui sont partie intégrante de l'activité de l'entreprise, ou accessoires. De tels montages se sont développés dans la restauration, le gardiennage, le nettoyage.
Aujourd'hui, les entreprises concentrent leurs ressources sur leur véritable métier. Pour le reste, il est fait appel à des tiers, afin de réduire les coûts de personnel. La loi, la jurisprudence restent attachées à la liberté de gestion du chef d'entreprise, mais est interdite « *toute opération à but lucratif de fourniture de main-d'œuvre qui a pour effet de causer un préjudice au salarié qu'elle concerne* » (art. L. 8231-1). L'article L. 8241-1 du Code du travail, quant à lui, « *interdit toute opération à but lucratif ayant pour objet exclusif le prêt de main-d'œuvre* ».

▸ **Les caractères.** La jurisprudence retient trois critères : ***l'exercice du pouvoir de direction, la nature de la prestation, la rémunération.*** Ces critères se combinent, et le juge apprécie la situation dans son ensemble. Un critère semble déterminant : celui de la ***prestation fournie.*** Quand la prestation fournie est ***totalement différente de l'activité générale de l'entreprise*** utilisatrice, on n'est pas en présence d'un prêt de main-d'œuvre illicite. Il faut un savoir-faire qui n'existe pas dans l'entreprise. Des salariés peuvent donc travailler dans une entreprise qui n'est pas la leur. Mais cela pose des problèmes de sécurité d'emploi, en matière de représentation du personnel.

II. L'exécution du contrat de travail

Le contrat de travail est un contrat synallagmatique ; les deux parties au contrat ont des ***obligations*** (A). C'est un contrat à exécution successive ; aussi se pose le problème de ***l'évolution de la relation de travail*** (B), ainsi que de la ***suspension*** de celle-ci (C).

A– Les obligations des parties

1. Les obligations de l'employeur

– Il doit ***payer les salaires convenus.*** Le contrat de travail est un contrat à titre onéreux.

- Il doit ***procurer au salarié un travail qui correspond à sa qualification***.
- Il doit ***fournir les instruments du travail***.

2. Les obligations du salarié

La prestation de travail est sa principale obligation. Celle-ci doit être personnelle, consciencieuse et loyale.

▶ **L'exécution personnelle**. Le salarié ne peut pas demander à un tiers de se substituer à lui dans l'exécution du travail promis. Pour se faire aider par un tiers, il lui faut le consentement de l'employeur (sans quoi il y aurait faute grave, constituant un motif réel et sérieux de licenciement du salarié).

▶ **L'exécution consciencieuse**. Le salarié doit apporter à l'exécution de son travail tous les bons soins du « père de famille » du Code civil, étant entendu qu'une faute légère n'est pas suffisante pour entraîner son licenciement.

▶ **L'exécution loyale**. Le contrat de travail doit être exécuté de bonne foi. La divulgation des secrets de fabrique est, à ce titre, sanctionnée. L'obligation de loyauté sera d'autant plus sévèrement appréciée que le salarié est haut placé dans la hiérarchie.

B – L'évolution de la relation de travail

Selon l'article 1134 du Code civil : « *Les conventions légalement formées tiennent lieu de loi à ceux qui les ont faites.* » Mais un salarié pourrait-il refuser toute évolution dans ses conditions de travail, par exemple un changement d'horaire, de lieu de travail, de rémunération ? Cela nous ramène au problème de la modification du contrat de travail avec, entre autres, la question de la ***mobilité***, et à celui du ***transfert d'entreprise***.

1. La mobilité

D'un côté, l'entreprise est soumise à la loi du marché, elle doit faire face à la concurrence et parfois délocaliser la production ; mais, d'un autre côté, le salarié doit être traité avec un minimum d'égards. Depuis l'arrêt *Raquin* du 8 octobre 1987 (*Dr. soc.*, 1988, 135), la Cour de cassation s'affirme dans un sens favorable au salarié dans la mesure où, quel que soit le motif, le salarié, ***en invoquant l'article 1134 du Code civil, peut refuser une révision*** et obliger l'employeur à en tirer les conséquences (c'est-à-dire à décider un licenciement dont il se serait volontiers passé).

La mobilité peut être ***prévue dans le contrat***, ou être ***invoquée pendant l'exécution du contrat***.

➜ La mobilité est prévue lors de l'embauche

Il peut arriver que la modification soit prévue dans le contrat de travail qui inclut, par exemple, une ***clause de mobilité***. Celles-ci sont de plus en plus fréquentes. La mise en œuvre de la clause reposera sur un motif légitime. La mutation doit être dictée par l'intérêt de l'entreprise. Le salarié a ainsi accepté par avance le principe de la révision de son contrat. Si, par la suite, il refuse d'exécuter ce qui a été convenu d'un commun accord, cela constitue une faute (souvent qualifiée de grave) justifiant un ***licenciement***. La mesure doit être envisagée pour parer aux nécessités de fonctionnement de l'entreprise. Elle nécessite cependant un délai de prévenance, et les conventions collectives prévoient une procédure : entretien, délai de réflexion…

➜ La mobilité est décidée durant l'exécution du contrat

Dans cette hypothèse, la mesure envisagée n'était pas prévue au contrat. Le salarié n'a pas par avance accepté sa mobilité.
La jurisprudence a commencé par élaborer une distinction entre les modifications ***substantielles*** et les modifications ***non substantielles*** du contrat : les secondes pouvaient, à la différence des premières, être décidées unilatéralement par l'employeur. Désormais, selon la Cour de cassation, il faut se ***demander si la mobilité constitue une simple modification des conditions de travail, ou une véritable modification du contrat*** :

▶ **La modification des conditions de travail.** Une telle mesure relève du pouvoir de direction reconnu au chef d'entreprise. En cas de refus du salarié, l'employeur peut envisager un licenciement, en invoquant comme motif le refus du salarié d'accepter le changement de ses conditions de travail.

▶ **La modification affectant le contrat de travail.** L'accord du salarié est alors nécessaire. La procédure comporte deux temps :

- ***La proposition de révision.*** Si la modification est envisagée pour un motif économique, l'employeur informe chaque salarié par lettre recommandée avec accusé de réception. Les salariés ont un délai de réflexion d'un mois, et leur défaut de réponse dans le délai vaut acceptation (art. L. 1222-6). Si la modification est projetée pour un motif autre qu'économique (par exemple, concernant le salaire), l'employeur doit faire une offre et répondre au salarié. Il ne peut imposer la modification.

- ***La réponse du salarié.*** Le salarié accepte : le contrat sera modifié, mais uniquement sur l'objet de la proposition. Le salarié refuse : l'employeur peut alors renoncer à la mesure, mais il peut aussi être contraint à la rupture. La procédure de licenciement doit être observée.

2. Les transferts d'entreprise

En cas de modification dans la situation juridique de l'employeur, notamment par succession, vente, fusion, transformation du fonds, mise en société, ***tous les contrats de travail en cours subsistent entre le nouvel employeur et le personnel de l'entreprise*** (art. L. 1224-1). Les contrats en cours sont transférés dans tous leurs éléments. Mais la Cour de cassation a décidé que l'article L. 122-12 alinéa 2 (art. L. 1224-1) ne s'applique pas aux opérations d'externalisation en l'absence de transfert d'une entité économique autonome (Cass., 18 juillet 2000, *Dr. soc.*, 2000, p. 845).
Les accords collectifs ne sont pas transférés par l'article L. 1224-1, qui ne porte que sur les contrats individuels. Les ***conventions collectives*** sont maintenues pendant une année (il faut du temps pour renégocier).
La règle du transfert s'applique au salarié. Il est attaché au fonds, à l'entreprise, et pourra être considéré comme ***démissionnaire s'il refuse le transfert***.

C– La suspension du contrat de travail

En droit commun, quand un contrat synallagmatique ne peut plus être exécuté pour une cause indépendante de l'une ou l'autre des parties, les obligations s'éteignent. En matière de droit du travail, ***l'impossibilité d'exécuter peut n'être que temporaire***. De surcroît, il faut assurer la stabilité de l'emploi autant que faire se peut. C'est pourquoi la doctrine et la jurisprudence ont imaginé la théorie de la suspension du contrat de travail. Le contrat est interrompu pour une durée plus ou moins longue : ***il n'est pas rompu, il se trouve momentanément privé d'effets***.

1. Les causes de suspension

De plus en plus nombreuses, elles tiennent au fait de l'employeur ou du salarié.

→ Les causes de suspension du fait de l'employeur

Ce sont les causes qui contraignent l'employeur à fermer son entreprise pour quelque temps :

▶ **L'événement naturel (incendie, inondation…)**

▶ **Le *lock-out*.** C'est une mesure de fermeture temporaire de l'entreprise, décidée par l'employeur en réponse à un conflit collectif de travail, une grève ou une menace de grève. Il n'y a pas de texte sur ce point. La validité du *lock-out* est contestée et ses effets sur le contrat de travail ne sont pas clairement définis. Pour la Cour de cassation, le *lock-out* constitue une faute contractuelle susceptible d'engager la responsabilité de l'employeur vis-à-vis de chaque salarié. L'employeur peut être exonéré de cette faute à la condition qu'il apporte la preuve d'une force majeure ou d'une situation contraignante qui le libère de ses obligations envers ses salariés.
Le *lock-out* est ***illicite*** s'il est préventif ou constitue une mesure de rétorsion. ***Il est licite***, au contraire, s'il est justifié par la ***force majeure*** (l'entreprise est désorganisée à la suite d'une grève qui rend son exploitation impossible et pas seulement onéreuse), par des ***raisons de sécurité*** pour le personnel et l'entreprise, ou encore s'il est décidé ***en réponse à l'inexécution par les salariés de leurs propres obligations*** (le *lock-out* répond à une grève abusive). Il faut que l'employeur prouve la force majeure, l'impossibilité absolue de fournir du travail. Il doit apporter la preuve d'une situation contraignante de nature à le libérer de son obligation de fournir du travail à ses salariés (Soc. 7 février 1990, *Bull. civ.* V, n° 42).

▶ **La mise à pied.** C'est une suspension temporaire du contrat. Le salarié ne travaille pas, il ne reçoit pas de salaire. Il se peut que la mise à pied soit prononcée pour des ***raisons économiques*** : c'est le ***chômage partiel***.
Elle peut l'être aussi pour ***faute du salarié*** : c'est la ***mise à pied disciplinaire***. Si le salarié est exclu de l'entreprise dans l'attente d'une sanction, c'est une mise à pied ***conservatoire***.

→ Les causes de suspension du fait du salarié

En dehors de la maladie ou de l'accident, de la maternité ou de l'adoption, du service national ainsi que de l'élection à un mandat à l'Assemblée nationale ou au Sénat, et de la grève, l'absence du salarié non autorisée par l'employeur est fautive et peut donc justifier son licenciement.

▶ **La maladie et l'accident.** La maladie affecte de façon plus ou moins durable la relation de travail. Il faut distinguer la maladie et l'accident ***non professionnels*** de la maladie et de l'accident ***professionnels***.

- ***La maladie et l'accident non professionnels.*** Dans un premier temps, la maladie est une cause de suspension, mais elle peut devenir une cause de rupture si elle se prolonge (il en est de même pour les conséquences d'un accident) : c'est le problème de la longue maladie.

1. ***Le contrat est suspendu.*** La maladie et, de ce fait, l'absence du salarié, doit être temporaire, médicalement justifiée et ne pas être fictive. Les conventions collectives fixent les modalités de la justification de l'absence. Dans tous les cas, il faut prévenir l'employeur dans les 24 heures (ou 48 heures selon les usages), justifier de son état, c'est-à-dire fournir un certificat médical, et tenir l'employeur informé de son état ; en cas de prolongation, il faut fournir de nouveaux certificats. Le non-respect de ces dispositions par le salarié peut entraîner la rupture du contrat. Mais si l'employeur peut, en principe, procéder au licenciement, son attitude peut être jugée excessive et, dans ces conditions, le licenciement sera jugé sans cause réelle et sérieuse. L'employeur peut mettre en doute la réalité de la maladie et être tenté de licencier le salarié. La validité de la rupture sera subordonnée à l'existence d'un comportement fautif ou d'une fraude du salarié. L'employeur peut organiser un contrôle médical des arrêts de travail, étant entendu que le salarié malade doit se conformer aux heures de sortie autorisées par la Sécurité sociale. Pendant la suspension du contrat, le salarié n'est pas payé, mais les conventions collectives prévoient le maintien de tout ou partie des salaires.

2. ***Le contrat est rompu.*** L'absence répétée du salarié peut, selon la jurisprudence, constituer une cause réelle et sérieuse de licenciement. Il en est de même de la longue maladie.

   La question des absences répétées : Il faut plus qu'une simple gêne pour l'entreprise. Il doit s'agir d'un trouble suffisamment grave pour perturber le fonctionnement de l'entreprise. Une telle perturbation, pour être reçue comme cause réelle et sérieuse de licenciement, impose désormais la nécessité pour l'employeur de procéder au remplacement définitif du salarié malade (Cass. soc., 13 mars 2001, *RJS* 5/01, n° 592). Par ailleurs, les conventions collectives comportent souvent des clauses dites de garantie d'emploi, qui fixent la durée pendant laquelle le contrat se trouve suspendu par la maladie, interdisent la rupture pendant cette période et fixent les conditions de la rupture à l'issue de celle-ci. *La longue maladie :* Elle peut entraîner la rupture du contrat par l'employeur, qui va invoquer les nécessités de fonctionnement de l'entreprise. Il faut que l'absence cause un trouble grave dans le fonctionnement de celle-ci. Dans ces conditions, l'employeur va prendre l'initiative de la rupture. Par ailleurs, à l'issue de son absence pour maladie ou accident, le salarié peut être inapte à reprendre son emploi. La loi du 31 décembre 1992 impose certaines obligations à l'employeur. À ce titre, l'article L. 1226-2 du Code du travail met l'accent sur l'objectif de reclassement du salarié. L'inaptitude doit être constatée par le médecin du travail. L'employeur est tenu de proposer un autre emploi au salarié, approprié à ses capacités et aussi comparable que possible à l'emploi précédent (art. L. 1226-10 al. 3). Si l'employeur ne peut proposer un autre emploi, il doit faire connaître par écrit les motifs du refus de reclassement (art. L. 1226-12). Faute de reclassement dans le mois qui suit l'examen médical, et à défaut de licenciement dans ce délai, l'employeur doit verser le salaire correspondant à l'emploi précédemment occupé. Il faut noter qu'il n'y a pas d'obligation de licencier, mais qu'on oblige l'employeur à reclasser le salarié ou à prendre ses responsabilités, c'est-à-dire la décision de licenciement.

- ***La maladie et l'accident professionnels.*** Le salarié victime d'un accident du travail ou d'une maladie professionnelle bénéficie d'une ***protection spéciale mise en place par la loi du 7 janvier 1981.*** Tout salarié, quelle que soit son ancienneté, peut se prévaloir des dispositions de cette loi qui vise à protéger l'emploi du salarié pendant la durée de l'arrêt de travail et à assurer sa réintégration dans l'entreprise. Toutes les entreprises sont concernées. Normalement, à l'issue de la période de suspension, le salarié réintègre l'entreprise (art. L. 1226-8). S'il est déclaré inapte par le médecin du travail à occuper l'emploi précédent, l'employeur doit lui proposer un autre emploi, aussi comparable que possible à l'emploi précédemment occupé, et approprié à ses capacités (art. L. 1226-10). Cependant, le contrat peut être rompu s'il y a une impossibilité de reclassement, ou un refus du reclassement par le salarié. Selon la Cour de cassation, est abusif « *le refus du salarié, sans motif légitime, d'un poste approprié à ses capacités et comparable à l'emploi précédemment occupé* » (Cass., 7 mai 1996, *JCP*, 1996, II, 22638). Ce refus abusif entraîne la perte de l'indemnité spéciale de licenciement et celle de l'indemnité compensatrice de préavis. Mais le salarié garde celle de droit commun.

En cas d'impossibilité de reclassement, l'employeur doit faire connaître au salarié le motif s'opposant au reclassement (art. L. 1226-12), respecter la procédure de licenciement et allouer au salarié une indemnité compensatrice d'un montant égal à celui de l'indemnité prévue en cas d'inobservation de préavis, ainsi que le versement d'une indemnité spéciale de licenciement (art. L. 1226-14). En cas de licenciement injustifié, le tribunal peut proposer la réintégration du salarié dans l'entreprise avec maintien des avantages acquis. En cas de refus par l'une ou l'autre des parties, le tribunal octroie au salarié une indemnité qui ne peut être inférieure à douze mois de salaire (art. L. 1226-15 al. 3). Il nous faut à présent caractériser la maladie professionnelle, l'accident du travail et l'accident de trajet :

- ***La maladie professionnelle.*** Elle est due à l'activité exercée. La loi reconnaît environ 80 maladies, définies avec précision (art. L. 461-1, C. sécu.). Le salarié a droit à réparation s'il apporte la preuve de la relation directe et certaine entre la maladie professionnelle et la profession exercée.
- ***L'accident du travail.*** C'est l'accident survenu par le fait ou à l'occasion d'un travail ; il est imputable à l'entreprise. L'accident survenu pendant le temps de travail ou à l'occasion d'un travail est présumé être un accident du travail (il y a

subordination du salarié), de même que l'accident survenu au cours d'une mission effectuée pour le compte de l'entreprise. En revanche, n'est pas considéré comme tel l'accident qui survient pendant une grève, ou qui est étranger à l'activité du salarié (par exemple, qui se produit lors d'une bagarre).

- ***L'accident de trajet.*** C'est l'accident qui survient sur le trajet normal (aller-retour) reliant le lieu du travail et le lieu de résidence du salarié. S'il y a eu un détour, il faut que celui-ci soit en rapport avec l'activité exercée, ou nécessité par les contraintes de la vie courante. Dans ce cas, le salarié bénéficie du régime d'indemnisation des accidents du travail, mais ne peut pas bénéficier de la protection accrue à laquelle a droit le salarié victime d'un accident du travail. Il ne peut pas bénéficier du régime de protection de l'emploi, dans la mesure où l'employeur n'a pas de responsabilité dans l'accident.

▶ **La maternité, la paternité et l'adoption.** La salariée peut suspendre son travail avant et après l'accouchement (six semaines avant, dix semaines après : art. L. 1225-17) ; le délai pouvant être allongé suivant l'état de la femme (art. L. 1225-21), ou encore en cas de naissance multiple. L'employeur ne peut pas prétexter la grossesse pour refuser l'embauche de la femme, qui n'est pas tenue de révéler son état, sauf si elle veut bénéficier d'un emploi du temps plus souple (art. L. 1225-2). La salariée peut s'abstenir de reprendre son travail afin d'élever l'enfant (art. L. 1225-66). Mais il y a, de ce fait, ***rupture du contrat du fait du salarié.*** Elle peut solliciter sa réembauche dans l'année qui suit la rupture de son contrat (art. L. 1225-67) : dans ce cas, pendant un an, l'employeur est tenu de la réembaucher par priorité.

Après la naissance de son enfant, le père salarié bénéficie d'un congé de paternité de 11 jours, 18 jours en cas de naissance multiple (art. L. 1225-35).

Le salarié qui souhaite bénéficier du congé de paternité avertit son employeur au moins un mois avant la date à laquelle il envisage de le prendre, en précisant la date à laquelle il entend y mettre fin (art. L. 1225-35 al. 3).

▶ **L'élection à l'Assemblée nationale et au Sénat**

La candidature ou l'élection à l'Assemblée nationale ou au Sénat. En vertu de l'article L. 3142-56 du Code du travail, les employeurs doivent laisser au salarié candidat le temps nécessaire pour ***participer à la campagne électorale***, dans la limite de ***20 jours ouvrables.*** Le salarié bénéficie de ces dispositions à condition que chaque absence soit au moins d'une demi-journée entière. Il doit avertir son employeur 24 heures au moins avant le début de chaque absence (art. L. 3142-57). Sur demande de l'intéressé, la durée est imputée sur celle des congés payés annuels ; si elle ne l'est pas, les absences ne sont pas rémunérées.

Si le salarié est élu, son contrat de travail est, sur sa demande, ***suspendu jusqu'à l'expiration de son mandat*** (art. L. 3142-60), s'il justifie chez son employeur d'une ancienneté minimale d'une année. À l'expiration de son mandat, le salarié doit manifester son intention de reprendre son emploi au plus tard dans les deux mois qui suivent ladite expiration (lettre avec accusé de réception). Il retrouve alors son emploi précédent.

▶ La grève. Jusqu'en 1950, la grève était une cause de rupture du contrat, ce qui produisait une situation juridique étrange dans la mesure où la Constitution de 1946 reconnaissait le droit de grève. Depuis la loi du 11 février 1950, la grève ne rompt pas le contrat de travail, sauf faute lourde imputable au salarié.

2. Les congés

→ Les congés ordinaires

Tout salarié a droit à des congés ordinaires, qui comprennent :

- le ***repos hebdomadaire*** (art. L. 3132-3) : c'est le repos du dimanche ; sa durée minimale est de vingt-quatre heures consécutives (art. L. 3132-2) ;
- les ***jours fériés*** (art. L. 3133-1). Ce sont : le 1er janvier, le lundi de Pâques, le 1er mai, le 8 mai, l'Ascension, le lundi de Pentecôte (sauf accord contraire), le 14 juillet, l'Assomption, la Toussaint, le 11 novembre, le jour de Noël.

→ Les congés spéciaux

Cette expression vise le congé sabbatique, le congé individuel de formation (voir chapitre 2), le congé parental.

- ***Le congé sabbatique***, sous certaines conditions (notamment, celles d'informer l'employeur au moins trois mois à l'avance et de justifier d'une ancienneté d'au moins 36 mois dans l'entreprise), est un droit pour le salarié. Le congé dure ***6 mois au minimum, 11 mois au maximum*** (art. L. 3142-91). Le bénéficiaire retrouve son emploi en fin de congé, ou un emploi similaire assorti d'une rémunération au moins équivalente (art. L. 3142-95).

Il est également possible de bénéficier, à des conditions très voisines, d'un ***congé pour la création d'entreprise***. D'une durée d'***un an***, elle peut être prolongée d'au plus un an (art. L. 3142-80), ce congé est aussi ouvert au salarié qui désire reprendre une entreprise.

- Pour prétendre au ***congé parental d'éducation***, il faut avoir un an d'ancienneté à la date de la naissance de l'enfant ou, en cas d'adoption, de l'arrivée au foyer d'un enfant de moins de 3 ans (art. L. 1225-48). Ce congé, ouvert au père comme à la mère, a une durée initiale d'un an, mais peut être prolongé deux fois pour prendre fin au plus tard au troisième anniversaire de l'enfant. Une prolongation d'une année peut être accordée si l'enfant est malade, handicapé ou accidenté. À l'issue de son congé, le salarié retrouve son emploi précédent ou un emploi similaire.

3. Les effets de la suspension

La suspension du contrat de travail est une ***dispense provisoire pour les parties d'exécuter leurs obligations***. Le contrat subsiste et continue à produire certains effets :

- L'autorité de l'employeur sur le salarié disparaît pendant la suspension.
- Le salaire n'est pas versé pendant cette période, sauf si l'employeur y est tenu en vertu des dispositions de la convention collective. Les conventions collectives se sont en effet engagées dans cette voie en accordant au salarié le maintien de sa rémunération (l'aide sociale peut prendre le relais).
- Puisque le contrat n'est pas rompu, le salarié continue à être membre de l'entreprise. Il peut participer aux ***élections professionnelles*** qui se déroulent pendant la suspension. Il demeure lié par les ***obligations de fidélité, de loyauté, de discrétion***. Enfin, il ne perd pas son ***ancienneté***, car seule l'exécution du travail est suspendue : le reste du contrat subsiste.

III. La rupture du contrat de travail

Le contrat de travail n'est pas perpétuel. En effet, si le contrat de travail est conclu pour une durée indéterminée (art. L. 1221-2), le salarié peut à tout moment reprendre sa liberté, et l'employeur peut se séparer de lui, mais avec plus ou moins de contraintes. « *Le contrat de travail à durée indéterminée peut être rompu à l'initiative de l'employeur ou du salarié, ou d'un commun accord* » (art. L. 1231-1).
Le licenciement et la démission ne sont pas les seuls moyens de mettre fin à la relation de travail. En effet, l'employeur et le salarié peuvent convenir en commun des conditions de la rupture du contrat de travail qui les lie (art. L. 1237-11) c'est la **rupture conventionnelle**. Cette rupture ne peut être imposée par l'une ou l'autre des parties (art. L. 1237-11 al. 2). Elle résulte d'une convention signée par les parties. Cette convention définit les conditions de la rupture, le montant de l'indemnité de rupture (art. L. 1237-13). Chaque partie dispose d'un délai de rétractation de quinze jours (art. L. 1237-13 al. 3). À présent, étudions deux modes de rupture : le licenciement et la démission.

L'employeur peut licencier le salarié ***pour motif personnel*** (A), ***pour motif économique*** (B), mais le salarié peut aussi ***démissionner*** (C). Nous examinerons les ***obligations consécutives à la rupture de la relation de travail*** (D).

A– Le licenciement pour motif personnel

La rupture du contrat de travail a des conséquences psychologiques, financières, familiales. C'est la raison pour laquelle la résiliation du contrat à durée indéterminée à l'initiative de l'employeur est très réglementée aujourd'hui.
En matière de licenciement, la loi fondatrice est celle du 13 juillet 1973. Avant cette loi, toute partie à un contrat à durée indéterminée pouvait le résilier à tout moment, sous la seule réserve de l'abus de droit – le salarié devant apporter la preuve de cet abus. Avec la loi de 1973, les choses changent : le licenciement, quand il est décidé, doit ***respecter une procédure***, être fondé sur un ***motif réel et sérieux***, et s'accompagner non seulement d'un ***préavis***, mais aussi du ***versement d'indemnités***. Il doit être justifié par une cause réelle et sérieuse (art. L. 1232-1).

1. La procédure du licenciement pour motif personnel

Elle comprend différentes étapes :

➜ La convocation à l'entretien préalable

Elle est prévue à l'article L. 1232-2 du Code du travail. La convocation comporte des ***mentions obligatoires*** et ***rappelle que le salarié peut se faire assister pendant l'entretien***. En effet, le salarié a le droit de se faire assister par une personne de son choix parmi le personnel de l'entreprise ; lorsqu'il n'y a pas d'institutions représentatives du personnel dans l'entreprise, le salarié peut se faire assister par un conseiller choisi sur une liste dressée par l'autorité administrative (art. L. 1232-4 al. 2). Pour la Cour de cassation (soc. 13 novembre 1996, *JCP*, 1997, II, 22 792), le non-respect des dispositions relatives à l'assistance du salarié par un conseiller extérieur entraîne l'application des sanctions prévues à l'article L. 1235-5 (indemnités).

➜ L'entretien

Le salarié s'exprime en toute liberté. L'entretien porte sur les motifs du licenciement, que l'employeur doit énoncer (art. L. 1232-3).

➜ La notification du licenciement

L'article L. 1232-6 al.2 du Code du travail prévoit l'obligation pour l'employeur d'énoncer les ***motifs du licenciement*** dans la lettre de licenciement (Cass, ass. plén., 27 novembre 1998, *JCP*, 1999, II, 10019). La Cour de cassation a fait de l'énonciation de ces motifs une règle de fond. Pour les juges, le défaut d'indication de motif précis dans la lettre équivaut à une absence de cause réelle et sérieuse (Soc., 29 novembre 1990, *RJS*, 1/91, n° 19). C'est une jurisprudence très contraignante dans la mesure où l'énonciation des motifs peut être gênante pour le salarié lui-même et le mettre en difficulté s'il veut retrouver un travail.

L'employeur prend sa décision après avoir entendu le salarié et, s'il décide de le licencier, il doit notifier le licenciement par lettre recommandée avec accusé de réception (art. L. 1232-6). La lettre recommandée permet de prouver la date de la rupture du contrat. Elle fixe le ***point de départ du délai-congé***, à l'expiration duquel le contrat va prendre fin. La lettre ne doit pas être expédiée moins de deux jours ouvrables après la date de l'entretien préalable (art. L. 1232-6 al. 3). Si le délai expire un samedi, un dimanche ou un jour férié, il est prorogé jusqu'au jour ouvrable suivant (art. R. 1231-1).

➜ La situation du salarié

Le déroulement de la procédure implique des délais. Pendant ce temps, l'exécution du contrat de travail continue. Le salarié va seulement s'absenter de son poste de travail pour se rendre à l'entretien. Mais la jurisprudence autorise l'employeur à suspendre le contrat : c'est la ***mise à pied conservatoire***.
Le salarié ne pourra prétendre à une rémunération si cette décision est prise dans le but d'éviter que sa présence à son poste de travail ne perturbe la bonne marche de l'entreprise. En revanche, si l'employeur décide cette mise à pied pour se donner le temps de la réflexion, il doit rémunérer le salarié.

➜ Les sanctions en cas d'irrégularité procédurale

Le tribunal doit imposer à l'employeur d'accomplir la procédure prévue, et accorder à défaut au salarié, à la charge de l'employeur, une indemnité qui ne peut être supérieure à un mois de salaire (art. L. 1235-2).
Ces dispositions ne s'appliquent pas aux licenciements de salariés ayant moins de deux ans d'ancienneté dans l'entreprise, ni aux licenciements opérés par les employeurs occupant habituellement moins de 11 salariés (art. L. 1235-5). Les salariés concernés peuvent simplement prétendre à une indemnité en fonction du préjudice subi.
Par ailleurs, si le licenciement survient pour une cause « qui n'est pas réelle et sérieuse », le tribunal peut proposer la réintégration du salarié dans l'entreprise avec maintien de ses avantages acquis. En cas de refus de l'une ou l'autre des parties, le tribunal octroie au salarié une indemnité qui ne peut être inférieure aux salaires des six derniers mois, sans préjudice de l'indemnité légale de licenciement (art. L. 1235-3).

2. Le caractère réel et sérieux des motifs du licenciement

➜ La notion

La cause réelle et sérieuse s'apprécie au jour du licenciement.
En l'absence de définition légale de la cause réelle et sérieuse, il semblait logique que la Cour de cassation en cerne les contours. Mais, ne voulant pas s'enfermer

intervenir que lorsque tous les efforts de formation et d'adaptation ont été réalisés et que le reclassement de l'intéressé ne peut être opéré dans l'entreprise ou dans les entreprises du groupe auquel l'entreprise appartient (art. L. 1233-4). Le reclassement du salarié s'effectue sur un emploi relavant de la même catégorie que celui qu'il occupe ou sur un emploi équivalent assorti d'une rémunération équivalent. Les offres de reclassement proposées au salarié sont écrites et précises (art. L. 1233-4, al. 3). Tout licenciement pour motif économique doit être justifié par une cause réelle et sérieuse (art. L. 1233-2).

→ L'ordre des licenciements

Lorsque l'employeur procède à un licenciement collectif pour motif économique, il définit les critères retenus pour fixer l'ordre des licenciements, après consultation du comité d'entreprise ou à défaut des délégués du personnel. Ces critères prennent en compte les charges de famille, l'ancienneté de service, la situation des salariés rendant leur réinsertion professionnelle particulièrement difficile, les qualités professionnelles appréciées par catégorie. L'employeur peut privilégier un de ces critères à condition de tenir compte de l'ensemble des autres critères (L. 1233-5).
Lorsque l'employeur procède à un licenciement individuelle pour motif économique il prend en compte, dans le choix du salarié concerné, les critères prévus à l'article L. 1233-5 (art. L. 1233-7).

→ Illustrations

N'est pas un licenciement économique, un licenciement ***ayant pour motif l'âge du salarié***, car il s'agit là d'un motif inhérent à la personne (Cass. soc., 24 avril 1990, *Bull.*, 1990, V, n° 181). Est abusif le licenciement pour motif économique fondé sur ***l'évolution défavorable du marché*** du textile et de l'habillement (Cass., 16 décembre 1992, *Bull.*, 1992, V, n° 598). Quand elle n'est pas liée à des difficultés économiques, ou à des mutations technologiques, une ***réorganisation*** ne peut constituer un motif économique que si elle est effectuée ***pour sauvegarder la compétitivité*** du secteur d'activités (Cass., 5 avril 1995, *JCP*, 1995, II, 22443).

2. La procédure

Il faut distinguer entre, d'une part, le ***licenciement de moins de dix salariés dans une même période de trente jours*** et, d'autre part, le ***licenciement de dix salariés ou plus dans une même période de trente jours***.

→ Le licenciement de moins de dix salariés dans une même période de trente jours ***(art. L. 1233-8 et s.)*** L'employeur qui envisage de procéder à un licenciement pour motif économique, qu'il s'agisse d'un licenciement individuel ou inclus dans un licenciement collectif de moins de dix salariés convoque, avant toute décision, le ou les salariés concernés à un entretien préalable (art. L. 1233-11).

- ***Convocation à l'entretien préalable.*** Elle est effectuée par lettre recommandée ou par lettre remise en main propre contre décharge. La lettre indique l'objet de la convocation (art. L. 1233-11 al. 2).
- ***Entretien.*** Il ne peut avoir lieu moins de cinq jours après la présentation de la lettre. Au cours de l'entretien, l'employeur indique les motifs de la décision. Il recueille les explications de salarié (art. L. 1233-12). Lors de son audition le salarié peut se faire assister par la personne de son choix (art. L. 1233-13).
- ***Notification du licenciement.*** L'employeur notifie le licenciement par lettre recommandée avec avis de réception. Cette lettre ne peut être expédiée moins de 7 jours ouvrables à compter de la date prévue de l'entretien préalable, 15 jours ouvrables pour le licenciement d'un membre du personnel d'encadrement (art. L. 1233-15 al. 2, al. 3). La lettre de licenciement doit énoncer les ***motifs économiques invoqués par l'employeur*** (art. L. 1233-16 ; L. 1233-42), et elle doit faire mention de la ***priorité de réembauche*** prévue par l'article L. 1233-45 (art. L. 1233-16). Sur demande écrite du salarié, l'employeur indique par écrit les critères retenus pour fixer l'ordre des licenciements (art. L. 1233-17).
- ***Information de l'autorité administrative (art. L. 1233-19 et s.).*** L'employeur qui procède à un licenciement pour motif économique de moins de dix salariés dans une même période de trente jours informe l'autorité administrative du ou des licenciements prononcés. Le procès-verbal de la réunion des délégués du personnel consultés sur le projet de licenciement collectif pour motif économique est transmis à l'autorité administrative.

Il y aussi une procédure de consultation des représentants du personnel (art. L. 1233-8 et s.) ; avec la convocation à la réunion prévue à l'article L. 1233-8, l'employeur adresse aux représentants tous renseignements utiles sur le projet de licenciement (art. L. 1233-10), notamment le nombre de licenciements envisagés et le calendrier des licenciements.

→ Le licenciement de dix salariés ou plus dans une même période de trente jours

Ce licenciement comprend la procédure à l'égard des salariés, la procédure de consultation des représentants du personnel, l'information et l'intervention de l'autorité administrative, la validation ou l'homologation.

▶ **La procédure à l'égard des salariés.** Lorsque l'employeur procède au licenciement d'au moins dix salariés, s'il existe un comité d'entreprise ou des délégués du

personnel dans l'entreprise, la procédure d'entretien préalable au licenciement ne s'applique pas (art. L. 1233-38).
Notification du licenciement. Dans les entreprises de moins de cinquante salariés, l'employeur notifie le licenciement au salarié par lettre recommandée avec avis de réception. La lettre ne peut être adressée avant l'expiration d'un délai qui ne peut être inférieur à trente jours (art. L. 1233-39).
Dans les entreprises de cinquante salariés ou plus, lorsque le projet de licenciement concerne dix salariés ou plus, l'employeur notifie le licenciement après la notification par l'autorité administrative de la décision de validation mentionnée à l'article L. 1233-57-2 ou de la décision d'homologation mentionnée à l'article L. 1233-57-3 ou à l'expiration des délais prévus à l'article L. 1233-57-4 (art. L. 1233-39 al. 5).
La lettre de licenciement. Elle comporte l'énoncé des motifs économiques et mentionne la priorité de réembauche (art. L. 1233-42). Sur demande écrite du salarié, l'employeur indique par écrit les critères retenus pour fixer l'ordre des licenciements (art. L. 1233-43).

▶ **Consultation des représentants du personnel.** L'employeur qui envisage de procéder à un licenciement collectif pour motif économique d'au moins dix salariés dans une même période de trente jours réunit et consulte selon le cas, le comité d'entreprise ou les délégués du personnel (art. L. 1233-28). Il adresse aux représentants du personnel avec la convocation à la première réunion, tous renseignements utiles sur le projet de licenciement (art. L. 1233-31).
Dans les entreprises ou établissement employant habituellement moins de cinquante salariés, l'employeur réunit et consulte les délégués du personnel. Ces derniers tiennent deux réunions séparées par un délai qui ne peut être supérieur à quatorze jours (art. L. 1233-29). L'employeur adresse aux représentants du personnel les mesures qu'il envisage de mettre en œuvre pour éviter les licenciements ou en limiter le nombre et pour faciliter le reclassement du personnel dont le licenciement ne pourrait être évité (art. L. 1233-32).
Dans les entreprises employant habituellement au moins cinquante salariés, l'employeur réunit et consulte le comité d'entreprise sur l'opération projetée, sur le projet de licenciement collectif : le nombre de suppression d'emplois, les catégories professionnelles concernées, les critères d'ordre et le calendrier des licenciements, les mesures sociales d'accompagnement prévues par le plan de sauvegarde de l'emploi (art. L. 1233-30). Dans ces entreprises, l'employeur adresse en effet, aux représentants du personnel, le plan de sauvegarde de l'emploi (art. L. 1233-32 al. 2). Par ailleurs, le comité d'entreprise tient au moins deux réunions espacées d'au moins quinze jours (art. L. 1233-30), et il peut recourir à l'assistance d'un expert comptable (art. L. 1233-34).

→ Information et intervention de l'autorité administrative (DIRECCTE)

▶ **Information de l'autorité administrative.** L'employeur notifie à l'autorité administrative tout projet de licenciement pour motif économique d'au moins 10 salariés dans une même période de 30 jours (art. L. 1233-46). L'ensemble des informations communiqué aux représentants du personnel est communiqué simultanément à l'autorité administrative (art. L. 1233-48).

▶ **Intervention de l'autorité administrative.**

- ***Dans les entreprises non soumises à l'obligation d'établir un plan de sauvegarde de l'emploi.*** Dans les entreprises de moins de cinquante salariés et les entreprises de cinquante salariés et plus lorsque le projet de licenciement concerne moins de dix salariés dans une même période de trente jours, l'autorité administrative vérifie dans le délai de vingt et un jour notamment que les représentants du personnel ont été informés, réunis et consultés, que les mesures prévues à l'article L. 1233-32 seront effectivement mises en œuvre (art. L. 1233-53).
- ***Dans les entreprises soumises à l'obligation d'établir un plan de sauvegarde de l'emploi.*** L'autorité administrative peut présenter toute proposition ou modifier le plan de sauvegarde de l'emploi en tenant compte de la situation économique de l'entreprise (art. L. 1233-57). Les propositions sont formulées avant la dernière réunion du comité d'entreprise. L'employeur adresse une réponse motivée à l'autorité administrative.

→ Validation ou homologation.

Dans les entreprises de 50 salariés et plus, un accord collectif peut déterminer le contenu du plan de sauvegarde de l'emploi ainsi que les modalités de consultation du comité d'entreprise et de mise en œuvre des licenciements. Cet accord est signé par une ou plusieurs organisations syndicales représentatives ayant recueilli au moins 50 % des suffrages exprimés en faveur d'organisations reconnues représentatives au premier tour des dernières élections des membres titulaires du comité d'entreprise ou, à défaut, des délégués du personnel, quel que soit le nombre de votants (art. L. 1233-24-1). L'administration est informée sans délai de l'ouverture d'une négociation en vue de cet accord.

À défaut d'accord, un document élaboré par l'employeur après la dernière réunion du comité d'entreprise fixe le contenu du plan de sauvegarde de l'emploi (art. L. 1233-24-4).

L'accord collectif majoritaire (art. L. 1233-24-1) ou le document élaboré par l'employeur (art. L. 1233-24-4) sont transmis à l'autorité administrative pour **validation** de l'accord ou **homologation** du document (art. L. 1233-57-1).

Pour valider l'accord, l'autorité administrative s'assure de la régularité de la procédure d'information et de consultation du comité d'entreprise, de la présence dans le plan de sauvegarde de l'emploi notamment de mesures de reclassement des salariés âgés ou présentant des caractéristiques sociales ou de qualification rendant leur réinsertion professionnelle particulièrement difficile (art. L. 1233-57-2).
Pour homologuer le document établi par l'employeur, l'autorité administrative vérifie la régularité de la procédure d'information et de consultation du comité d'entreprise et le respect par le plan de sauvegarde de l'emploi des articles L. 1233-61 à L. 1233-63 en fonction des moyens dont dispose l'entreprise, les efforts de formation, etc. (art. L. 1233-57-3). L'autorité administrative s'assure que l'employeur a prévu le recours au contrat de sécurisation professionnelle mentionné à l'article L. 1233-65 ou la mise en place du congé de reclassement mentionné à l'article L. 1233-71 (art. L. 1233-57-3).
L'autorité administrative notifie à l'employeur la décision de validation dans un délai de quinze jours à compter de la réception de l'accord collectif mentionné à l'article L. 1233-24-1 et la décision d'homologation dans un délai de vingt et un jours à compter de la réception du document complet élaboré par l'employeur mentionné à l'article L. 1233-24-4 (art. L. 1233-57-4). Le silence gardé par l'autorité administrative pendant ces délais vaut décision d'acceptation de validation ou d'homologation (art. L. 1233-57-4 al. 3). La position de l'administration est transmise aux salariés par voie d'affichage (art. L. 1233-57-4 al. 4). En cas de décision de refus de validation ou d'homologation, l'employeur, s'il souhaite reprendre son projet, présente une nouvelle demande après y avoir apporté les modifications nécessaires et consulté le comité d'entreprise (art. L. 1233-57-7).
L'accord collectif, le document élaboré par l'employeur, le contenu du plan de sauvegarde de l'emploi, la régularité de la procédure de licenciement collectif ne peuvent faire l'objet d'un litige distinct de celui relatif à la décision de validation ou d'homologation (art. L. 1235-7-1). Les litiges relèvent de la compétence, en premier ressort, du tribunal administratif, à l'exclusion de tout autre recours administratif ou contentieux (art. L. 1235-7-1 al. 2).

→ Contestation et sanction des irrégularités du licenciement.

Dans les entreprises d'au moins cinquante salariés, lorsque le projet de licenciement concerne au moins dix salariés dans une même période de trente jours, le licenciement intervenu en l'absence de toute décision relative à la validation ou à l'homologation ou alors qu'une décision négative a été rendue est nul (art. L. 1235-10). En cas d'annulation d'une décision de validation ou d'homologation en raison d'une absence ou d'une insuffisance de plan de sauvegarde de l'emploi, la procédure de licenciement est nulle (art. L. 1235-10 al. 2). Jusqu'à la loi du 14 juin 2013, lorsque l'employeur ne mettait pas en place un plan de sauvegarde de l'emploi (PSE), la sanction était la nullité du licenciement (voir jurisprudence Samaritaine, Cass. soc. 13 févr. 1997, Bull. civ. 1997, V, n°64).

Lorsque le juge constate que le licenciement est intervenu alors que la procédure de licenciement est nulle, il peut ordonner la poursuite du contrat de travail ou prononcer la nullité du licenciement et ordonner la réintégration du salarié à sa demande, sauf si la réintégration est devenue impossible, notamment du fait de la fermeture de l'établissement ou du site ou de l'absence d'emploi disponible (art. L. 1235-11). Lorsque le salarié ne demande pas la poursuite de son contrat de travail ou lorsque la réintégration est impossible, le juge octroie au salarié une indemnité qui ne peut être inférieure au salaire des douze derniers mois (art. L. 1235-11 al. 2).

- En cas de non respect par l'employeur des procédures de consultation des représentants du personnel ou d'information de l'autorité administrative, le juge accorde au salarié compris dans un licenciement pour motif économique une indemnité à la charge de l'employeur calculé en fonction du préjudice subi (art. L. 1235-12).
- En cas de non respect de la priorité de réembauche prévue à l'article L. 1233-45, le juge accorde au salarié une indemnité qui ne peut être inférieure à deux mois de salaire (L. 1235-13).
- Ne sont pas applicables au licenciement d'un salarié de moins de deux ans d'ancienneté dans l'entreprise et au licenciement opéré par un employeur employant habituellement moins de onze salariés, les dispositions relatives à la sanction de la nullité du licenciement prévues à l'article L. 1235-11, du non-respect de la procédure de consultation des représentants du personnel et d'information de l'autorité administrative prévues à l'article L. 1235-12, du non-respect de la priorité de réembauche prévues à l'article L. 1235-13. Le salarié peut prétendre, en cas de licenciement abusif, à une indemnité correspondant au préjudice subi.

→ Obligation de rechercher un repreneur

▸ Information des salariés et de l'autorité administrative

Lorsqu'elle envisage la fermeture d'un établissement qui aurait pour conséquence un projet de licenciement collectif, l'entreprise mentionnée à l'article L. 1233-71 (entreprise ou établissement d'au moins mille salariés) réunit et informe le comité d'entreprise, au plus tard à l'ouverture de la procédure d'information et de consultation prévue à l'article L. 1233-30 (art. L. 1233-57-9). L'employeur adresse aux représentants du personnel tous renseignements utiles sur le projet de fermeture de l'établissement (art. L. 1233-57-10), notifie sans délai à l'autorité administrative tout projet de fermeture d'un établissement (art. L. 1233-57-12) et informe le maire de la commune du projet de fermeture de l'établissement (art. L. 1233-57-13).

▶ **Recherche d'un repreneur**

L'employeur ayant informé le comité d'entreprise du projet de fermeture recherche un repreneur (art. L. 1233-57-14). Il est tenu notamment d'informer, par tout moyen approprié, des repreneurs potentiels de son intention de céder l'établissement, d'examiner les offres de reprises qu'il reçoit. Le comité d'entreprise joue un rôle actif dans la procédure. Il est tenu informé de ces offres au plus tard huit jours après leur réception (art. L. 1233-57-15). Il peut émettre un avis, participer à la recherche d'un repreneur et formuler des propositions.

→ Mesures d'accompagnement

▶ **Le plan de sauvegarde de l'emploi** (anciennement plan social)

- **Conditions d'application.** Dans ***les entreprises d'au moins cinquante salariés, lorsque le projet de licenciement concerne au moins dix salariés dans une même période de trente jours,*** l'employeur établit et met en œuvre un plan de sauvegarde pour éviter les licenciements ou en limiter le nombre (art. L. 1233-61).
  Ce plan intègre un plan de reclassement visant à faciliter le reclassement des salariés dont le licenciement ne pourrait être évité, notamment celui des salariés âgés ou présentant des caractéristiques sociales ou de qualification rendant leur réinsertion professionnelle particulièrement difficile (art. L. 1233-61 al. 2).
- **Le contenu du plan.** Le plan peut contenir par exemple, selon l'article L. 1233-62 du Code du travail, des mesures de réduction ou d'aménagement du temps de travail, des actions en vue du reclassement interne des salariés sur des emplois relevant de la même catégorie d'emplois, des actions de formation ou de reconversion, des créations d'activités nouvelles, des mesures de réduction ou d'aménagement du temps de travail. Il faut que les mesures envisagées aient un effet positif sur l'emploi.

▶ **Le contrat de sécurisation professionnelle**

Le contrat de sécurisation professionnelle a pour objet l'organisation et le déroulement d'un parcours de retour à l'emploi, qui comprend des mesures d'accompagnement, ainsi que des périodes de formation et de travail (art. L. 1233-65). À cet effet, dans les entreprises non soumises aux dispositions de l'article L. 1233-71, l'employeur est tenu de proposer à chaque salarié dont il envisage de prononcer le licenciement pour motif économique le bénéfice du contrat de sécurisation professionnelle (art. L. 1233-66). L'adhésion du salarié à ce contrat emporte rupture du contrat de travail (art. L. 1233-67). Cette rupture qui ne comporte ni préavis ni indemnité compensatrice de préavis ouvre droit à l'indemnité de licenciement prévue à l'article L. 1234-9, à toute indemnité conventionnelle due. Pendant l'exécution de ce contrat, le salarié est placé sous le statut de stagiaire de la formation professionnelle (art. L. 1233-67 al. 4).

▶ **Le congé de reclassement**

Dans les entreprises ou les établissements d'au moins mille salariés, l'employeur propose à chaque salarié dont il envisage de prononcer le licenciement pour motif économique, un congé de reclassement qui a pour objet de permettre au salarié de bénéficier d'actions de formation et d'accompagnement (art. L. 1233-71). La durée de ce congé ne peut excéder douze mois (art. L. 1233-71 al. 2).

C– La démission

On appelle ainsi la ***résiliation à l'initiative du salarié***. Elle est le plus fréquemment motivée par le fait que le salarié a trouvé un nouvel emploi. Mais le salarié n'a pas à énoncer le motif de sa démission : il n'y a ***aucune procédure*** complexe, à la différence du licenciement (l'écrit n'est pas obligatoire, sauf l'envoi d'une lettre si cet envoi est prévu par la convention collective). Cependant, dans la mesure où il est l'auteur de la rupture, ***le salarié doit un délai-congé*** à l'entreprise, et ***ne touche pas d'indemnité de licenciement***. À cet égard, la Cour de cassation est attentive à ce que l'employeur n'ait pas provoqué la démission afin de ne pas avoir à verser d'indemnités. Aussi étudiera-t-on à présent les deux hypothèses possibles : ***la volonté de démissionner***, et ***l'absence de volonté de démissionner***.

1. La volonté de démissionner

➔ L'existence d'une volonté non équivoque de démissionner

Dans un souci de protection du salarié, la Cour de cassation impose l'existence d'une volonté non équivoque de démissionner.

Parfois, l'attitude du salarié peut être équivoque. Le juge peut ainsi être amené à se prononcer sur la ***nature de la rupture des relations contractuelles*** dans le cas où, par exemple, l'employeur déduit la démission du salarié d'une absence de deux ou trois jours.

Le juge considère qu'***une lettre manuscrite, datée et signée par le salarié en dehors de l'entreprise*** témoigne de sa volonté de démissionner. Mais la jurisprudence est sévère pour l'employeur : un salarié absent pendant plusieurs mois après la date convenue, et malgré des lettres de rappel, n'est pas considéré comme démissionnaire (par exemple : Soc., 24 janvier 1996, *JCP*, 1996, II, 22716). Cela dit, une absence non justifiée est fautive et pourra légitimer un licenciement pour faute grave.

→ Les obligations du salarié

▶ **Le délai-congé**. Lorsqu'il démissionne, ***le salarié doit respecter le délai-congé***, afin de laisser à l'employeur le temps nécessaire pour le remplacer. L'article L. 1237-1 du Code du travail précise que ce délai est ***fonction des usages pratiqués dans la localité ou dans la profession***. Mais le salarié peut demander à son employeur de le dispenser d'exécuter le délai-congé : un accord amiable sur ce point n'est pas exclu.
Un salarié qui quitterait précipitamment l'entreprise commettrait une faute, et l'employeur pourrait lui demander des ***dommages-intérêts***.

▶ **La démission abusive**. La résiliation abusive d'un contrat à durée indéterminée à l'initiative du salarié ***ouvre droit à des dommages-intérêts au profit de l'employeur*** (art. L. 1237-2) si celui-ci fait la preuve d'un préjudice important : c'est la sanction de l'abus de droit. Il y a abus du droit de démissionner quand les conditions de départ du salarié manifestent l'***intention de nuire***, ou une ***légèreté blâmable***. On peut citer le célèbre arrêt *Christian Dior* du 19 juin 1959 (*D.* 1959, p. 513) : un mannequin vedette avait attendu la veille d'un défilé pour indiquer qu'elle ne viendrait pas présenter la collection d'hiver, ce qui a causé un préjudice important à la société. On peut aussi citer la démission d'un commercial à la veille du lancement d'un nouveau produit.

2. L'absence de volonté de démissionner

→ Le comportement abusif de l'employeur

La démission du salarié peut résulter d'un comportement patronal abusif : le patron ne respecte pas le contrat et le salarié démissionne. L'imputabilité de la démission pèse alors sur le patron. ***Il s'agit en fait d'un licenciement***. Le salarié devra toutefois prouver que l'employeur l'a contraint à démissionner.

→ Les départs négociés

Le licenciement a mauvaise réputation. Aussi employeur et salarié préfèrent-ils parfois recourir à la possibilité du départ négocié. Le départ prend, dans ces conditions, la forme d'une ***lettre de démission avec indemnités***. Mais il ne faut pas que la lettre soit extorquée par violence ou chantage.
L'employeur peut aussi être tenté, pour éviter un licenciement collectif pour motif économique, d'utiliser le départ négocié comme une sorte de « licenciement en douceur » : il offrira une prime à tout salarié qui souhaite partir. En 1980, la Cour de cassation condamnait ce type de procédé, le considérant comme une fraude au licenciement économique. Toutefois, dans un arrêt *Talbot* du 28 novembre 1984, elle semble l'admettre. Quoi qu'il en soit, l'employeur doit respecter les

dispositions de l'article L. 1233-1 selon lequel «les dispositions du présent chapitre sont applicables *dans les entreprises et établissements privés de toute nature ainsi que, sauf dispositions particulières dans les entreprises publiques et établissements publics industriels et commerciaux* ». En pratique, le bilan de ces départs négociés est mitigé : il est plutôt négatif pour certains salariés qui dépensent très vite les sommes reçues, et aussi pour l'entreprise, car cela lui coûte très cher. En outre, on ne peut exclure le risque que des salariés performants trouvent là un moyen de disposer d'un capital pour se mettre à leur compte, seuls ou à plusieurs, ce qui peut avoir une incidence sur l'environnement concurrentiel de l'entreprise.

D– La consommation de la rupture : aspects pratiques

Au terme d'une relation de travail, l'employeur a l'obligation de ***remettre au salarié un certificat de travail***, et la pratique s'est instaurée de lui faire signer un ***reçu pour solde de tout compte***. C'est aussi le moment où peut trouver à s'appliquer une ***clause de non-concurrence***.

1. La remise de documents au salarié

➜ Le certificat de travail

L'employeur est obligé, à l'expiration du contrat, de délivrer un certificat de travail (art. D. 1234-6). Ce document contient exclusivement la ***date d'entrée***, ***de sortie*** du salarié, ainsi que la ***nature de l'emploi occupé*** et les ***périodes pendant lesquelles l'emploi a été occupé***. Ces mentions sont limitatives. Si les mentions supplémentaires sont favorables au salarié, en général ce dernier ne dit rien. Mais si les mentions lui sont défavorables, il est en droit d'en exiger le retrait.

➜ Le reçu pour solde de tout compte

Lors de la rupture du contrat, il est tentant pour l'employeur, afin de se prémunir contre des réclamations ultérieures du salarié, de lui faire signer un reçu pour solde de tout compte (par lequel il reconnaît avoir reçu de l'employeur tout ce à quoi il pouvait prétendre).
Ce document n'est pas interdit, mais la pratique a soulevé des contestations car on constate que les salariés sont, de façon générale, peu informés de leurs droits. C'est la raison pour laquelle le législateur est intervenu (art. L. 1234-20) : le solde de tout compte, établi par l'employeur et dont le salarié lui donne reçu, fait l'inventaire des sommes versées au salarié lors de la rupture du contrat de travail. Ce reçu peut être dénoncé dans les six mois qui suivent sa signature. Passé ce délai il devient libératoire pour l'employeur (art. L. 1234-20 al. 2).

2. Les clauses de non-concurrence

Il existe une pratique professionnelle consistant à insérer dans le contrat une clause selon laquelle, à l'expiration de ce contrat, le salarié n'aura pas le droit de créer une entreprise concurrente ou de se faire engager dans une telle entreprise. Cette pratique a concerné pendant longtemps les salariés de haut rang (cadres supérieurs), mais elle s'est développée, et cette clause frappe aujourd'hui beaucoup de salariés. Son objet est de protéger au maximum les intérêts du premier employeur contre la concurrence, et cela se comprend dans la mesure où le salarié acquiert chez son employeur une expérience professionnelle, un savoir-faire, des informations, voire des secrets de fabrication.

On peut cependant objecter que cette clause porte atteinte à un droit constitutionnel : le droit au travail, le droit à la liberté du travail. En l'absence de toute disposition législative en la matière, il faut se référer à la jurisprudence, qui apparaît assez nuancée compte tenu des espèces très différentes qui lui sont soumises ainsi que du souci de concilier l'intérêt légitime de l'entreprise avec la nécessité pour le salarié de s'assurer un emploi.

Par un arrêt du 21 octobre 1960 (Soc., 21 octobre 1960, *JCP*, 1960, II, 11886), la Cour de cassation a admis la validité des clauses de non-concurrence. En 2002, elle a fixé un nouveau régime très contraignant (Soc., 10 juillet 2002, *D.* 2002.2491) en vertu duquel ***la clause de non-concurrence est licite si :***

- elle est ***indispensable à la protection des intérêts légitimes*** de l'entreprise ;
- elle est ***limitée dans le temps et dans l'espace*** (condition déjà exigée antérieurement) ;
- elle ***tient compte de la spécificité de l'emploi du salarié*** ;
- elle ***comporte l'obligation pour l'employeur de verser au salarié une contrepartie financière.***

Ces conditions sont cumulatives.

chapitre 4

La réglementation du travail

La réglementation du travail concerne essentiellement la ***rémunération*** (1) et la ***durée du travail*** (2).

I. La rémunération du travailleur

On évoquera d'abord la question du ***salaire*** (A), puis celle de la ***participation du salarié aux fruits et au capital de l'entreprise*** (B).

A– La notion de salaire

C'est une notion variable dont nous retracerons l'évolution, avant de voir les modalités de fixation du salaire puis les garanties de la créance de salaire.

1. L'évolution du salaire

Il est juridiquement difficile de dire ce qu'est le salaire. On peut constater à cet égard un mouvement en trois étapes, depuis les origines jusqu'au « salaire social », et rappeler les caractères spécifiques du salaire.

➜ Des origines au « salaire social »

▸ **À l'origine.** Le salaire est apparu tout d'abord comme un élément du contrat de travail : c'était la contrepartie du travail fourni. Il y avait une corrélation entre le salaire perçu et le travail fourni. C'est une conception purement contractuelle du salaire qui a longtemps dominé les rapports de travail, traduisant les préoccupations économiques d'un système résolument libéral : le salaire est un élément du prix de revient de la marchandise ; par conséquent, plus le salaire est bas, moins le produit est cher. Dans une économie fondée sur la pure concurrence, il faut logiquement limiter les salaires pour vendre moins cher et donc être plus compétitif.

Cette conception n'a pas aujourd'hui totalement disparu, mais elle a perdu de son importance. Le salaire n'apparaît plus seulement comme un élément du coût de production. Il convient de se placer sur un plan plus global en considérant la masse de salaires versée en France et noter les conséquences que cette situation entraîne au niveau de la demande de biens de consommation. Des préoccupations d'ordre économique et social sont apparues, le salaire étant en général la seule source de revenus des ménages. Mais peu à peu s'est développée une autre conception des salaires.

▶ **La rémunération de l'emploi**. Le salaire n'est plus la contrepartie d'un travail, mais la rémunération d'un emploi. Le salaire est pris dans un sens large. Ainsi la saisie-arrêt partielle est-elle applicable aux sommes dues à titre de rémunération à toutes les personnes salariées ou travaillant à quelque titre ou en quelque lieu que ce soit, pour un ou plusieurs employeurs, quels que soient le montant et la nature de leur rémunération, la forme et la nature de leur contrat (art. L. 3252-1). Il en est de même en droit de la Sécurité sociale, dans la mesure où l'article L. 140 du Code de la Sécurité sociale relatif à la détermination de l'assiette des cotisations aux assurances sociales traduit un élargissement de la notion de salaire et adopte un sens large de la rémunération. On s'oriente vers une nouvelle conception de la notion de salaire.

▶ **Le salaire social**. La rémunération versée par l'employeur va au-delà du travail. De plus en plus, la tendance est de passer du salaire individuel au salaire social. En effet, ce que le salarié attend de sa prestation de travail est non seulement une rémunération correspondant au prix de ce travail, mais aussi la couverture des besoins familiaux – le salaire fait vivre non seulement le salarié mais aussi sa famille. Ainsi en est-il des charges sociales imposées à l'employeur : lorsqu'il verse un pourcentage du salaire aux organismes de Sécurité sociale, celui-ci est ensuite redistribué sous d'autres formes aux salariés (indemnités de congé-maladie…) ; on évoque alors le ***salaire d'inactivité***.

→ Les caractères spécifiques du salaire

Il est difficile d'appréhender la notion de salaire, et certains auteurs (G. Lyon-Caen) estiment qu'on ne peut en donner une définition unique. On parle d'ailleurs du traitement du fonctionnaire, du cachet de l'artiste…

▶ **Les traits particuliers de la rémunération du salarié.** Le salaire est la rémunération stable versée par l'employeur en contrepartie du travail fourni. Cette rémunération revêt certains caractères :

- Le salaire est constitué par une ***somme d'argent exigible à intervalle régulier***. C'est ce que l'on appelle un ***revenu***, par opposition à un capital.
- Le salaire au sens large est une ***créance forfaitaire***, qui est par conséquent, en théorie, indépendante des risques de l'entreprise et des profits réalisés par l'employeur.
- Le salaire a aussi un ***caractère alimentaire***. On se place cependant ici sur le plan économique, et non pas juridique – où c'est une créance.

▶ **Les modes de rémunération.** La rémunération peut être en argent, mais le paiement de tout ou partie du salaire sous forme d'avantages en nature n'est pas interdit (par exemple, dans l'hôtellerie). La rémunération peut être déterminée au temps ou au rendement. Le salaire au temps est un salaire horaire. Lorsque la rémunération est exclusivement au rendement, elle doit permettre au salarié d'obtenir au moins le salaire minimum prévu par la loi ou la convention collective.

Le salaire au mois est un forfait. En effet, la rémunération mensuelle ne varie pas en fonction du nombre de jours travaillés au cours du mois considéré. La rémunération mensuelle est une moyenne calculée sur la base de l'horaire hebdomadaire légal ou contractuel de travail.

Quant aux pourboires, ils doivent être intégralement répartis entre les salariés qui sont en contact avec la clientèle (art. L. 3244-1).

Il est délicat dans ces conditions d'appréhender la notion de salaire. L'article L. 3221-3 du Code du travail en adopte une conception extensive en rappelant que « *par rémunération, il faut entendre le salaire ou traitement ordinaire de base ou minimum et tous les autres avantages et accessoires payés, directement ou indirectement, en espèces ou en nature, par l'employeur au travailleur en raison de l'emploi de ce dernier.* » Mais il peut y avoir une acception plus étroite selon laquelle le salaire se limiterait au salaire de base, qui correspond à un travail défini ou à une durée de travail déterminée.

2. La créance de salaire

C'est la créance que le salarié a sur son employeur. Le régime juridique de cette créance obéit à une réglementation très originale compte tenu de l'objet de la créance : le salaire. Ce n'est pas un bien comme les autres puisqu'il assure l'existence du salarié et de sa famille.

→ Les éléments du salaire

▸ **Le salaire de base**. C'est l'élément fixe. Il s'agit de la rémunération de base que l'employeur fournit au salarié en contrepartie de son travail. Il peut ne pas être mensuel (à la pièce, horaire...), mais depuis 1978 on a assisté à la généralisation du salaire mensuel. Par ailleurs, l'article 3221-2 du Code du travail rappelle que tout employeur est tenu d'assurer pour un même travail l'égalité de rémunération entre les hommes et les femmes, et la Cour de cassation a décidé dans un arrêt *Ponsolle* (Cass., soc., 29 octobre 1996, *Dr. soc.*, 1996, 1013) que l'égalité de rémunération selon les sexes n'est que l'application de la règle générale « à travail égal, salaire égal », c'est-à-dire que « *l'employeur est tenu d'assurer l'égalité de rémunération entre tous les salariés, pour autant que les salariés en cause sont placés dans une situation identique* ».

▸ **Les accessoires**. Entrent dans cette catégorie les avantages en nature et les gratifications.

- ***Les avantages en nature.*** Ce peut être la nourriture, le logement qui sont gratuits, la voiture dont on a la libre disposition... Il faut tenir compte sur ce point de la convention collective applicable, du contrat de travail.
- ***Les gratifications.*** Dans la pratique, elles peuvent revêtir différents aspects : prime de fin d'année, treizième mois, prime de vacances... Il existe une infinité de primes. Ces gratifications ne font pas toutes partie du salaire. En effet, certaines d'entre elles sont considérées comme de pures ***libéralités*** faites par l'employeur. Mais d'autres sont qualifiées de ***contractuelles*** et font partie intégrante du salaire. Quel est le critère pour les reconnaître ? Pour les tribunaux, les gratifications contractuelles se reconnaissent à trois critères :
- ***La régularité dans l'attribution.*** La gratification doit avoir été attribuée à plusieurs reprises afin de créer un usage dans l'entreprise. Le salarié peut dès lors exiger de l'employeur que cette prime lui soit continuellement versée.
- ***La fixité dans les modes de calcul.*** La gratification doit, d'une année sur l'autre être toujours déterminée selon les mêmes modes de calcul.
- ***La généralité dans la gratification.*** Cette prime doit être attribuée à l'ensemble des salariés ou à une partie du personnel (l'ensemble des ouvriers, des cadres...).

Les juges du fond apprécient de façon souveraine ces critères. S'ils sont réunis, l'employeur se doit de verser ces primes comme un véritable salaire.

▸ **La question des indemnités**. Le salaire comprend un certain nombre d'indemnités. Pourtant, certaines d'entre elles ne font pas partie du salaire. Ainsi, par exemple, pour la jurisprudence, l'indemnité de licenciement n'a pas le caractère de salaire. Il en est de même pour l'indemnité de rupture abusive du contrat de travail. En revanche, l'indemnité de fin de contrat est un complément de salaire (art. L. 1243-8) et elle est soumise au régime juridique de ce dernier. Il en est de même de l'indemnité de congé payé qui est considérée comme un salaire.

→ La prescription de la créance de salaire

Le salarié dispose pendant ***3 ans*** d'une action en paiement (art. L. 3245-1). Le point de départ du délai est le ***jour de la paie***. Avant 1971, la prescription était de six mois. C'était un délai trop court, d'où la critique de la doctrine et des syndicats. Les sommes soumises à la prescription sont celles liées à la prestation de travail.

→ La fixation du salaire

On note à ce propos une évolution. Pendant le XIXe siècle et jusqu'à une période récente, le montant des salaires se déterminait par le jeu de la loi de l'offre et de la demande, à la suite d'une « libre » discussion entre les parties.
Puis un décret du 10 novembre 1939 a bloqué les salaires en France.
La loi du 11 février 1950 a mis fin à ce régime autoritaire : depuis lors, les salaires sont librement fixés, soit par la voie de la convention collective, soit directement par le contrat de travail. Aujourd'hui, ***à la condition de respecter les minima légaux, le salaire est fixé par le contrat individuel*** et donc par l'employeur. L'action syndicale, en pratique, tempère cette liberté, et les ***conventions collectives*** contiennent des dispositions relatives aux éléments du salaire applicables à la catégorie professionnelle concernée. Mais surtout, un ***salaire minimum légal*** a été institué, minimum de rémunération en dessous duquel, en principe, on ne peut pas descendre : c'est le SMIC (salaire minimum interprofessionnel de croissance). Cela dit, on constate que le minimum fixé par la convention collective est souvent supérieur au minimum légal.

▶ Le salaire minimum interprofessionnel de croissance (SMIC)

- ***Historique du SMIC.*** La loi du 11 février 1950 avait fixé un SMIG (salaire minimum interprofessionnel garanti) qui variait suivant les fluctuations du coût de la vie. Mais ce salaire a fini par accuser un décalage trop important par rapport au salaire réel (celui payé en vertu de conventions collectives).

Pour y remédier, la loi du 2 janvier 1970 a institué le SMIC. Cette loi est intégrée dans les articles L. 3231-1, R. 3231-1 et suivants du Code du travail. Le SMIC a pour objet d'assurer aux salariés dont les rémunérations sont les plus faibles, la ***garantie de leur pouvoir d'achat***, et une ***participation au développement***

économique de la nation. Pour ce faire, il est ***indexé sur l'évolution de l'indice national des prix à la consommation***.

- ***Évolution et réévaluation du SMIC.*** Le SMIC évolue en fonction de plusieurs éléments. Ainsi, à chaque hausse de 2 % constatée dans l'indice général des prix à la consommation, le SMIC est relevé dans la même proportion. Le gouvernement, après avis de la Commission supérieure de la négociation collective, peut décider de relever le SMIC en cours d'année, à un niveau supérieur à celui qui résulterait de la seule évolution de l'indice. Mais de toute façon, tous les ans au 1er janvier (art. L. 3231-6), par décret, le SMIC doit être révisé et relevé en fonction de l'évolution générale de l'économie et des revenus pour éviter des distorsions entre le pouvoir d'achat des salariés et l'évolution de l'économie générale. Le SMIC, comme auparavant le SMIG, constitue un ***minimum horaire pour un travail effectif***. En raison du vaste mouvement de mensualisation observé à partir de 1970, il a fallu prévoir un SMIC mensuel.

▶ **Le paiement du salaire**

- ***Les modalités du paiement***
  - ***Le salaire est payé en espèces, ou par chèque barré ou par virement à un compte bancaire ou postal.*** Toute stipulation contraire est nulle (art. L. 3241-1). Mais, en dessous d'un montant mensuel fixé par décret, le salaire est versé en espèces au salarié qui le demande (art. L. 3241-1 al. 3).

Il est interdit à l'employeur de recourir à la pratique des ***économats*** (art. L. 3254-1). Elle consiste à payer le salarié sous forme de bons d'achat pour partie des salaires, ces bons ne pouvant être dépensés que dans les magasins tenus par l'employeur lui-même. Cette pratique porte atteinte à la liberté du salarié de s'approvisionner où il l'entend.

  - ***Le salaire doit être payé suivant une certaine périodicité*** : au moins une fois par mois pour les salariés qui bénéficient d'un accord de mensualisation, et, à défaut, deux fois par mois à seize jours d'intervalle (art. L. 3242-3). L'obligation de la mensualisation résulte de la loi du 19 janvier 1978 ; pour un horaire de travail effectif déterminé, la rémunération est indépendante du nombre de jours ouvrables, ce qui supprime toute disparité entre les différents mois de l'année.
  - ***La preuve du paiement du salaire.*** En droit commun, pour les créances de sommes d'argent, la preuve s'établit par une quittance ou un reçu signé par le créancier. Le système du reçu présente un inconvénient en matière de salaire : le reçu est global et ne permet pas au salarié de vérifier si la somme

due a été établie avec exactitude. C'est pourquoi, en matière de droit du travail, le législateur a créé une pièce justificative particulière : le ***bulletin de paie*** (art. L. 3243-1 ; L. 3243-2). Celui-ci doit regrouper certaines indications relatives à l'employeur, au salarié, à la rémunération... (art. R. 3243-1). ***Jusqu'à récemment, les mentions avaient valeur de présomption de paiement.*** Désormais, malgré la délivrance du bulletin de paie, l'employeur doit prouver le paiement. La remise de ce document au salarié ne présume pas le paiement du salaire (Cass. soc., 2 février 1999, *Dr. soc.*, 1999.255). L'acceptation du bulletin de paie ne vaut pas acceptation par le salarié des sommes qui y sont portées (art. L. 3243-3), c'est-à-dire que, en recevant son bulletin de salaire, le travailleur ne renonce pas à une demande de rappel de salaire. En effet, le salarié ignore souvent le montant des sommes qui lui sont véritablement dues (primes...), c'est la raison pour laquelle ***la remise du bulletin ne vaut pas compte arrêté et réglé***.

- ***Les primes.*** Le droit à une prime d'ancienneté ou à une prime d'assiduité suppose que le salarié remplisse des conditions d'ancienneté ou de présence assidue. La prime encourage et récompense une présence régulière. Elle n'est pas la contrepartie d'un travail déterminé. La prime d'ancienneté récompense la stabilité des travailleurs au sein des entreprises. Cela dit, l'employeur peut soumettre la prime à certaines conditions quand il la crée.
- ***Les augmentations et les réductions de salaire.***
  - ***Les augmentations de salaire.*** L'augmentation est une modification du contrat de travail, mais cela, évidemment, ne pose aucun problème aux salariés. Les difficultés concernent les ***refus d'augmentation de la part de l'employeur***. À ce titre, il convient de distinguer entre les augmentations individuelles et générales. La question qui se pose est de savoir si l'on peut exclure le salarié d'une augmentation générale. La jurisprudence y semble favorable, mais à la condition qu'il n'y ait pas de discrimination injustifiée entre les salariés. L'employeur pourra donc tenir compte des mérites de chacun, mais les différences de traitement devront être justifiées par des différences réelles de comportement, sans quoi il y a discrimination. En revanche, si le refus est fondé sur l'insuffisance professionnelle du salarié, il n'y a pas de discrimination ; il ne s'agit pas non plus d'une sanction pécuniaire, la Cour de cassation ayant décidé que « *n'est pas constitutif d'une sanction pécuniaire prohibée par l'article L. 1331-2, (L. 122-42), le refus par l'employeur d'accorder une augmentation de salaire à certains employés même si le refus est motivé par une insuffisance professionnelle* » (Cass. crim., 26 avril 1988, *Bull.*, I, n° 180).

- ***Les diminutions de salaire.*** Il ne fait pas de doute que ce qui touche au salaire constitue une modification du contrat de travail. ***L'employeur ne peut de ce fait réduire le montant du salaire sans l'accord du salarié.*** La réduction de salaire ne peut résulter d'une décision unilatérale. Et l'employeur ne peut prétendre qu'une modification des conditions de rémunération a été implicitement acceptée par le salarié. Il est vrai que les salariés sont rarement favorables à ce genre de modification, c'est pourquoi un refus de la part du salarié amène l'employeur à en tirer les conséquences : soit renoncer à sa mesure, soit décider de licencier le salarié.

On peut cependant se demander ce qu'il en est de la ***suppression d'un avantage consacré par un usage*** ; par exemple, lorsqu'un usage établit des augmentations périodiques de salaire. Rappelons qu'un usage ne peut être supprimé sans préavis, afin de permettre l'établissement de négociations. En effet, un avantage consacré par un usage est incorporé au contrat de travail, et sa suppression doit être notifiée à chaque salarié. Mais, compte tenu des nouvelles dispositions en matière de modification du contrat de travail, les avantages ne devraient plus être supprimés de façon unilatérale. Pourtant ce n'est pas la position de la jurisprudence, qui estime que l'employeur est responsable de la marche générale de l'entreprise, et qu'il peut dans ces conditions ***dénoncer l'usage qui rend obligatoire un avantage salarial*** (Cass. soc., 25 février 1988, *Bull. civ.*, 1988, V, n° 139). La dénonciation est alors applicable à l'ensemble des salariés, et ces derniers ne peuvent plus prétendre à la poursuite du contrat aux conditions antérieures.

3. Les garanties de la créance de salaire

→ La protection du salarié contre les créanciers de l'employeur

La créance du salarié est protégée, en raison du fait que le salaire est très souvent la seule source de revenu du travailleur. La protection du salarié est assurée par la voie classique des sûretés, et le salarié se voit accorder une priorité sur les autres créanciers de l'entreprise.

▸ **Le privilège général.** La créance de salaire des salariés et apprentis est privilégiée sur les meubles et immeubles du débiteur (art. L. 3253-1). C'est le privilège général sur les meubles et, à défaut, sur les immeubles de l'employeur, privilège qui bénéficie à l'ensemble des salariés. Sont visées les rémunérations des salariés et des apprentis pour les six derniers mois, ainsi que les indemnités de congés payés et indemnités de licenciement.

- ***Le privilège sur les meubles*** vient au 4e rang après les frais de justice, les frais funéraires et les frais de dernières maladies. Il est primé par le privilège du Trésor en cas de recouvrements d'arriérés d'impôts, et par les privilèges spéciaux (celui du bailleur par exemple…), mais il vient en concurrence avec celui accordé aux organismes de Sécurité sociale pour l'année en cours.
- ***Le privilège sur les immeubles*** vient au 2e rang après les frais de justice. Compte tenu de la situation de l'entreprise, ce privilège est d'un intérêt secondaire. C'est pourquoi le super-privilège est censé assurer le paiement immédiat des salaires impayés et des indemnités de rupture, nonobstant l'existence de toute autre créance privilégiée, jusqu'à concurrence d'un plafond mensuel identique pour toutes les catégories de bénéficiaires (art. L. 3253-2).

▶ **Le super-privilège**. Il prime tous les autres. Il a pour objet de garantir aux travailleurs le paiement des salaires leur restant dus si une procédure de redressement ou de liquidation judiciaire est ouverte, les rémunérations devant être payées malgré l'existence de toutes créances privilégiées. Une difficulté s'élève à ce propos, car très souvent on constate que les caisses sont vides. C'est pourquoi la loi du 27 décembre 1973 ***a rendu obligatoire un régime d'assurance*** garantissant les salariés contre le risque de non-paiement des salaires (art. L. 3253-6). C'est la technique de l'assurance garantie, qui est en fait une protection préventive contre les risques d'insolvabilité de l'employeur. Cette pratique est issue du conflit Lip, qui a montré la nécessité d'obliger les employeurs à assurer leurs salariés contre leur propre risque d'insolvabilité. Juridiquement, ce régime d'assurance est géré par une association créée à cette fin : ***l'Association pour la gestion du régime d'assurance des créances salariales (AGS)***, gérée par les Assedic. L'assurance couvre notamment les sommes dues aux salariés à la date du jugement d'ouverture de toute procédure de redressement ou de liquidation judiciaire, ainsi que les contributions dues par l'employeur dans le cadre du contrat de sécurisation professionnelle (art. L. 3253-8).

➜ La protection contre les créanciers du salarié

Compte tenu de son caractère alimentaire, le salaire est protégé contre les saisies que les créanciers du salarié peuvent pratiquer entre les mains de l'employeur. En droit commun, une créance est saisissable pour le tout. Il en va différemment en droit du travail : la créance de salaire ne peut être saisie pour le tout. Pour limiter le risque que le salarié se trouve totalement dépourvu, sans ressources, la créance de salaire – pour une partie du moins – est insaisissable.

▶ **Le domaine de l'insaisissabilité**. Les créances protégées par l'insaisissabilité sont énumérées à l'article L. 3252-1 du Code du travail, qui précise que « *sont visées, les* *sommes dues à titre de rémunération à toutes les personnes salariées ou travaillant à quelque titre ou en quelque lieu que ce soit, pour un ou plusieurs employeurs, quels que soient le montant et la nature de leur rémunération, la forme et la nature de leur contrat* ». Le texte est général, mais deux conditions doivent exister : tout d'abord, les sommes protégées doivent être dues ***en rémunération d'un travail*** (les revenus oisifs, de capitaux placés, sont de ce fait exclus) ; ensuite, le travail doit être ***effectué pour le compte d'autrui*** (on retrouve ici le critère de la subordination : s'il n'y a pas de subordination, il n'y a pas de protection).

▶ **Le montant de la portion protégée.** Les sommes dues à titre de rémunération ne sont saisissables ou cessibles que dans des proportions variables selon des seuils de rémunération (art. L. 3252-2) ; l'article R. 3252-2 du Code du travail énonce les proportions dans lesquelles les rémunérations annuelles mentionnées à l'article L. 3252-2 sont saisissables ou cessibles.

▶ **Les créanciers concernés.** Le principe est que le salarié doit pouvoir opposer l'insaisissabilité à tous ses créanciers, quels qu'ils soient. Mais il existe des tempéraments, concernant :

- ***les créanciers alimentaires du salarié.*** Le salarié a envers ces créanciers (parents, enfants) une obligation alimentaire (art. 205 et s., C. civ.) ; les retenues pour pensions alimentaires portent sur la fraction saisissable, mais aussi sur la fraction non saisissable du salaire, cette réglementation remettant en cause la garantie de ressources du salarié ;
- ***les créances que l'employeur peut avoir sur son propre salarié.*** Il s'agit du problème de la compensation. Or l'article L. 3251-1 du Code du travail rappelle qu'« *aucune compensation ne s'opère au profit des employeurs entre le montant des salaires dus par eux à leurs salariés et les sommes qui leur seraient dues à eux-mêmes pour fournitures diverses, quelle qu'en soit la nature* ». Mais le législateur a prévu trois exceptions à l'interdiction de la compensation : 1°) quand l'employeur a fourni des outils et instruments nécessaires au travail, 2°) quand il a fourni des matières ou matériaux dont le salarié a la charge et l'usage, 3°) quand il lui a avancé des sommes pour l'acquisition de ces mêmes objets (art. L. 3251-2). Tout employeur qui fait une avance en espèces, en dehors de ce dernier cas, ne peut se rembourser qu'au moyen de retenues successives ne dépassant pas le dixième du montant des salaires exigibles (art. L. 3251-3).

Il ne faut pas confondre l'***avance*** avec l'***acompte***, qui est le versement anticipé d'une somme d'argent correspondant à un travail déjà effectué.

B– La participation et l'intéressement du salarié

Le législateur a prévu différents dispositifs pour associer les salariés aux résultats de l'entreprise. Pourtant, il a fallu attendre les années 1980 pour que se développent la ***participation aux résultats***, l'***intéressement*** et le ***plan d'épargne entreprise***.

1. La participation aux résultats

Elle a pour objet de garantir collectivement aux salariés le droit de participer aux résultats de l'entreprise (art. L. 3322-1). La participation est obligatoire dans les entreprises comptant au moins 50 salariés pendant six mois au moins, consécutifs ou non, mais les entreprises qui n'ont pas atteint ce seuil peuvent également se soumettre à son régime sur la base du volontariat (art. L. 3322-2, R. 3322-1).
Les employeurs et les salariés définissent les modalités de la participation. Ces accords sont conclus soit dans le cadre d'un accord collectif de travail, soit entre l'employeur et les représentants d'organisations syndicales représentatives, soit par un accord conclu avec le comité d'entreprise, soit à la suite de la ratification à la majorité des deux tiers du personnel d'un projet de contrat proposé par l'employeur (art. L.3322-6).
La participation se présente sous la forme d'une épargne au profit des salariés. Elle porte sur une fraction des bénéfices (réserve spéciale de participation), et elle est proportionnelle au salaire. L'accord de participation peut cependant prévoir, afin d'éviter l'effet de la hiérarchie des salaires, une répartition en fonction du temps de présence de l'intéressé dans l'entreprise. La participation est bloquée en principe pendant cinq ans, est exonérée sur le plan fiscal et social, mais l'article L. 3324-10 du Code du travail prévoit de façon exceptionnelle son déblocage à la demande du salarié. En principe, tous les salariés doivent bénéficier de la participation. L'accord peut cependant prévoir des conditions d'ancienneté (mais jamais plus de six mois), afin d'éviter que l'attribution des droits ne soit trop faible.

2. L'intéressement

Il est ***facultatif***, à la différence de la participation (art. L. 3312-1). Ce système est ouvert dans toutes les entreprises et l'ensemble du personnel peut en bénéficier, sous réserve éventuellement d'une condition d'ancienneté de trois mois maximum.
L'intéressement connaît aujourd'hui un certain succès. Il implique un accord conclu au niveau de l'entreprise pour une durée de trois ans (art. L. 3312-5). Mais il est aléatoire, car il est lié aux résultats, aux performances de l'entreprise, et n'est pas en principe un procédé d'épargne. Il a pour objet d'associer collectivement les salariés aux résultats ou aux performances de l'entreprise (art. L. 3312-1).

3. Le plan d'épargne d'entreprise

C'est un système facultatif qui peut être établi dans l'entreprise à l'initiative de celle-ci ou par un accord conclu avec le personnel. L'ensemble du personnel peut en bénéficier. Le plan d'épargne permet aux salariés de se constituer un portefeuille de valeurs mobilières (art. L. 3332-1). Il est alimenté par des versements volontaires des salariés. Tous les salariés y ont droit, et lorsqu'une ancienneté est exigée, elle ne peut être supérieure à trois mois (art. L. 3342-1). Les parts ainsi acquises sont indisponibles pendant cinq ans. Mais le salarié peut obtenir le remboursement des sommes de manière anticipée (art. L. 3332-25, R. 3332-28). On trouve là une volonté d'encourager l'épargne des salariés.

II. La durée du travail

Pendant longtemps, elle n'était pas réglementée. Il n'y avait pas de limite légale de la durée du travail. Et si l'on se réfère aux usages, on peut remarquer qu'il existait simplement la pratique du repos dominical. Au XIXe siècle en effet, et au début du XXe siècle, la vie du travailleur est surtout comprise autour du travail : on profite peu de sa retraite, on travaille jeune, beaucoup, mais on meurt tôt. Les choses sont aujourd'hui différentes dans la mesure où l'entrée dans la vie active, compte tenu de l'allongement des études, se fait souvent tard, et le taux d'inactifs est très important, surtout après 55 ans. Cela dit, la tendance est à une réduction importante de la durée du travail. Les idées de réduction du temps de travail, et d'épanouissement personnel, familial sont désormais des thèmes souvent évoqués.

A– La réglementation de la durée du travail salarié

1. La durée légale du travail

La loi du 22 mars 1841 est la première loi sociale qui limite la durée journalière du travail des enfants de 8 à 12 ans à 8 heures par jour, et à 12 heures par jour celui des enfants de 12 à 16 ans et des adultes. La loi du 23 avril 1919 fixe la durée du travail à 8 heures par jour et 48 heures par semaine. Il faudra attendre la loi du 21 juin 1936 pour que la durée hebdomadaire de travail soit abaissée à 40 heures, avec cependant la possibilité pour le salarié d'effectuer des heures supplémentaires pour surcroît de travail.

Après avoir rappelé les règles relatives à la durée hebdomadaire du travail aujourd'hui, nous évoquerons les modalités d'adaptation de la durée du travail, ainsi que les dispositions récentes de la loi Aubry relative à la réduction du temps de travail.

➜ La durée hebdomadaire du travail

L'ordonnance du 16 janvier 1982 a fixé à 39 heures la durée légale de travail effectif par semaine. Pourtant, depuis quelques années, certains rappellent qu'il ne faut pas de rigidité dans ce domaine. La loi Giraud (1993) a introduit une flexibilité dans l'organisation du temps de travail. La loi Robien du 11 juin 1996 visait à réduire conventionnellement le temps de travail pour créer l'emploi. La loi du 13 juin 1998 (Aubry I) ramène à 35 heures par semaine la durée du travail, au 1er janvier 2000 pour les entreprises de plus de 20 salariés et au 1er janvier 2002 pour les autres entreprises. L'article L. 3121-10 (loi du 19 janvier 2000, Aubry II) fixe à 35 heures par semaine la durée légale du travail effectif des salariés.

La ***durée légale est un temps de référence hebdomadaire***, et les heures qui excèdent la durée légale sont des ***heures supplémentaires***.

➜ Les modalités d'adaptation

▶ **La durée réelle**. peut être supérieure à la durée légale. En pratique, c'est le cas, puisqu'en moyenne elle excède 40 heures de travail effectif. Mais elle peut aussi être inférieure s'il y a mise en chômage technique.

▶ **Quant à la durée conventionnelle**, elle peut être inférieure à la durée légale, sans que l'on puisse cependant appliquer le régime des heures supplémentaires pour les heures qui dépassent. Il en est ainsi d'un accord d'entreprise qui ramènerait à 35 heures la durée du travail. La durée légale étant fixée à 39 heures jusqu'aux 1er janvier 2000 et 1er janvier 2002, la 36e heure n'est pas considérée comme une heure supplémentaire, et il appartient aux partenaires sociaux de fixer le régime conventionnel qui va s'appliquer à ce dépassement (Cass. soc., 10 février 1998, *Dr. soc.* 1998, 400).

➜ Les lois Aubry du 13 juin 1998 et du 19 janvier 2000

Sont concernées par ces lois les entreprises qui entrent dans le champ de l'article L. 3111-1 du Code du travail. Tous les salariés sont concernés, les cadres faisant l'objet de dispositions particulières dans la loi du 19 janvier 2000.
La réglementation relative à la durée du travail est fondée sur la notion de ***travail effectif***. L'article L. 3121-1 définit désormais la durée de travail effectif comme le temps pendant lequel ***le salarié est à la disposition de l'employeur et doit se conformer à ses directives sans pouvoir vaquer librement à des occupations personnelles***.
Les organisations syndicales d'employeurs, groupements d'employeurs, et les organisations syndicales représentatives des salariés sont appelés à négocier les modalités de réduction effective de la durée collective du travail, pour les adapter

aux situations des branches et des entreprises. La négociation porte sur la réduction effective de la durée du travail. Celle-ci ne doit pas entraîner de réduction de salaire pour les travailleurs. Au plus tard le 30 septembre 1999, après concertation avec les partenaires sociaux, le gouvernement devait présenter au Parlement un rapport établissant le bilan d'application de la loi, afin d'en tirer « enseignements et orientations ». La loi du 13 juin 1998 avait pour objectif d'inciter les entreprises à anticiper la réduction du temps de travail, une seconde loi devant régler les modalités d'application. Tel est l'objet de la loi du 19 janvier 2000 (Aubry II).

2. Les heures supplémentaires

Ce sont les heures de travail effectuées ***au-delà de la limite légale***, mais elles doivent demeurer l'exception. Le recours aux heures supplémentaires relève de l'initiative du chef d'entreprise dans le cadre de son pouvoir de direction et d'organisation des conditions de travail, et il n'est pas sans contreparties (augmentation de la rémunération ou repos compensateur).

→ Le recours aux heures supplémentaires

Le salarié ne peut pas les refuser. Mais, de toute façon, la pratique des heures supplémentaires est généralement bien accueillie dans l'entreprise car elle se traduit par une augmentation du pouvoir d'achat.

Un contingent annuel est fixé par une convention ou un accord collectif d'entreprise ou d'établissement ou, à défaut, par une convention ou un accord de branche (art. L. 3121-11). À défaut d'accord collectif, un décret détermine ce contingent annuel (art. L. 3121-11 al. 3). Toute heure supplémentaire s'impute sur ce contingent qui est fixé à 220 heures par salarié (art. D. 3121-14-1). Une convention ou un accord collectif fixe les conditions de dépassement du contingent. À défaut d'accord par voie conventionnelle, les modalités de l'utilisation du contingent et de son éventuel dépassement donnent lieu au moins une fois par an à une consultation du comité d'entreprise ou des délégués du personnel (art. L. 3121-11 al. 4).

Enfin, le recours aux heures supplémentaires doit s'exercer ***dans le respect des durées hebdomadaires et journalières***. À cet effet, la durée quotidienne du travail effectif par salarié ***ne peut excéder 10 heures***, sauf dérogation (art. L. 3121-34), et la durée hebdomadaire moyenne de travail, calculée sur une période quelconque de douze semaines consécutives, ***ne peut dépasser 44 heures*** (art. L. 3121-36)***, ou 48 heures au cours d'une même semaine*** (art. L. 3121-35). En application de la loi du 13 juin 1998 (art. L. 3131-1), tout salarié bénéficie d'un ***repos quotidien d'une durée minimale de 11 heures*** consécutives, et aucun temps de travail quotidien ne peut atteindre 6 heures sans que le salarié bénéficie d'un temps de pause d'une durée minimale de 20 minutes, sauf dispositions conventionnelles plus favorables, fixant un temps de pause supérieur (art. L. 3121-33).

➔ Les contreparties

▶ **La rémunération**. Les heures supplémentaires donnent lieu à un supplément de rémunération de 25 à 50 % (au-delà de 43 heures) du salaire horaire. La majoration de salaire tient compte de l'ampleur du dépassement de la durée légale (art. L. 3121-22).

▶ **Le repos compensateur**. Par accord collectif, on peut substituer un repos compensateur à la majoration de salaire, dans un souci de protection de la santé des travailleurs et de la prévention du risque professionnel. Pourtant, ce repos n'est accordé que si les heures supplémentaires effectuées à l'intérieur du contingent conventionnel dépassent un certain seuil, lequel est fixé à 41 heures dans les entreprises de plus de 20 salariés (art. L. 3121-26), ce qui ouvre droit à un repos d'une durée égale à 50 % du temps de travail accompli (art. L. 3121-26 al. 2).
Il ne faut cependant pas confondre les ***heures supplémentaires*** et les ***heures de récupération*** (art. L. 3122-27) : seules peuvent être récupérées les heures perdues par suite d'interruption collective du travail résultant de causes accidentelles (intempéries, force majeure…). Les heures ainsi perdues ne peuvent être récupérées que dans les douze mois précédant ou suivant leur perte (art. R. 3122-4). Il s'agit de douze mois après un événement imprévisible, et de douze mois précédant la fermeture prévue de l'entreprise (inventaire, pont à l'occasion d'un jour férié).
Les temps de grève et de *lock-out* ne peuvent donner lieu à récupération.

3. Le travail de nuit

Jusqu'en 2001, il n'était pas réglementé par le législateur, ce qui pouvait surprendre dans la mesure où il perturbe la vie familiale des salariés concernés. La ***directive européenne du 23 novembre 1993 sur l'aménagement du temps de travail*** fixe des prescriptions minimales. Ainsi, par exemple, les jeunes travailleurs et apprentis ne doivent-ils pas travailler entre minuit et cinq heures du matin.

Depuis la loi du 3 janvier 1991, les conventions collectives et les accords d'entreprise doivent prévoir des compensations (repos compensateur ou augmentation de salaire, c'est-à-dire primes). En principe, le droit du travail français prohibait le travail de nuit des femmes dans l'industrie (afin d'empêcher qu'un travail excessif ne nuise à leur santé ainsi qu'à celle de leurs enfants). Or cette prohibition se heurtait à l'égalité entre les hommes et les femmes telle que la conçoit la Cour de justice des

Communautés européennes (CJCE, 25 juillet 1991, *Stoeckel, Dr. soc.* 1992, 174). La loi du 9 mai 2001 a mis un terme à cette inégalité. L'article L. 3122-32 ne pose plus cette interdiction, mais indique seulement que le recours au travail de nuit doit être ***exceptionnel***. Tout travail effectué entre 21 heures et 6 heures est considéré comme travail de nuit (art. L. 3122-29). L'article L. 3122-31 donne la définition du travailleur de nuit. La durée quotidienne du travail effectué par ce travailleur ne peut excéder huit heures (art. L. 3122-34). Et, lorsque le travail de nuit est incompatible avec des obligations familiales impérieuses (garde d'un enfant, par exemple), le salarié peut demander son affectation à un poste de jour (art. L. 3122-44).

B – Le repos du salarié

1. Les congés payés

Ils sont de création récente puisque c'est une loi du 20 juin 1936 qui les a institués. Aujourd'hui, ***l'article L. 3141-1 du Code du travail rappelle que tout salarié a droit à un congé payé à la charge de l'employeur***. Les congés payés se sont généralisés aux différentes catégories de travailleurs.

→ Conditions du droit aux congés payés

Le salarié a droit à un congé de ***deux jours et demi ouvrables par mois de travail effectifs chez le même employeur. La durée totale du congé exigible ne peut excéder trente jours ouvrables*** (art. L. 3141-3).

→ Modalités

► **La durée du congé**. La période de congé payé est fixée par les ***conventions ou accords collectifs*** de travail. Elle doit comprendre ***dans tous les cas la période du 1er mai au 31 octobre de chaque année*** (art. L. 3141-13). À défaut de convention ou accord collectif de travail, elle est fixée par l'employeur, en référence aux usages et après consultation des délégués du personnel et du comité d'entreprise (art. L. 3141-13 al. 2). Et pour fixer l'ordre des départs, l'employeur tient compte, notamment, de la situation de famille du salarié, de son ancienneté (art. L. 3141-14).

La période de congé doit être ***portée à la connaissance du personnel au moins deux mois*** avant son ouverture. La durée du congé pris en une seule fois ***ne peut excéder 24 jours ouvrables*** (art. L. 3141-17), mais le congé peut être fractionné à la condition qu'il comporte ***au moins 12 jours ouvrables pris en continu*** (art. L. 3141-18).

▶ **Les indemnités.** L'indemnité de congé payé peut être calculée sous deux formes :
- soit 1/10e de la rémunération totale perçue par le salarié au cours de la période de référence, incluant le salaire de base et les primes ayant la nature d'un salaire ;
- soit la rémunération qu'il aurait perçue s'il avait travaillé durant le congé.

Le principe est qu'***il faut appliquer la méthode de calcul la plus favorable au salarié***. Si le congé ne peut être pris (résiliation du contrat de travail), le salarié doit recevoir une indemnité compensatrice de congés payés qui est égale à ce qu'il aurait dû recevoir s'il avait pris ses congés au moment de la résiliation (art. L. 3141-26). L'indemnité est due dès lors que le contrat n'a pas été résilié par la faute lourde du salarié.

2. Les congés particuliers

→ Les congés pris à l'occasion d'événements familiaux

Il ne s'agit pas vraiment d'un congé au sens où on l'entend habituellement, mais d'une ***autorisation d'absence***. À cet effet, tout salarié bénéficie à l'occasion de certains événements familiaux d'une autorisation exceptionnelle d'absence de : 4 jours pour le mariage du salarié, 3 jours pour chaque naissance survenue à son foyer, 2 jours pour le décès du conjoint ou d'un enfant, 1 jour pour le mariage d'un enfant, 1 jour pour le décès du père ou de la mère, du beau-père, de la belle-mère, d'un frère ou d'une sœur (art. L. 3142-1). Ces jours d'absence ***n'entraînent aucune réduction de la rémunération***, et sont ***assimilés à des jours de travail effectifs*** pour la détermination de la durée du congé annuel.

→ La question du repos dominical

L'origine du repos dominical remonte à l'Ancien Régime. Sa justification était religieuse : le dimanche était le jour du Seigneur. Le repos dominical est aujourd'hui partiellement remis en cause dans la mesure où, s'il demeure dans son principe, les dérogations sont de plus en plus nombreuses.

▶ **Certaines dérogations sont de droit** et concernent les secteurs qui ne doivent pas s'arrêter le dimanche compte tenu de certains besoins, notamment ***alimentaires*** (restauration, fabrication de produits de consommation immédiate…), ou encore de ***services publics*** (hôpitaux…), de ***loisirs*** (les musées…).

▶ D'autres dérogations résultent de **décisions préfectorales** (art. L. 3132-20, L. 3132-23), qui interviennent s'il est établi que le repos simultané, le dimanche, de tout le personnel ***serait préjudiciable au public ou compromettrait le fonctionnement de l'établissement***. L'article L. 3132-21 (issu du projet de loi pour la croissance, l'activité et l'égalité des chances économiques) fixe une durée qui ne peut excéder trois ans aux autorisations prévues à l'article L. 3132-20.

▶ D'autres dérogations enfin, prises par décision du maire après avis du conseil municipal, visent les ***établissements de commerce de détail*** (art. L. 3132-26). Le repos hebdomadaire du dimanche peut être supprimé pour un nombre de dimanches ne pouvant dépasser douze. La liste des dimanches est arrêtée avant le 31 décembre, pour l'année suivante.

▶ Quant aux **dérogations dans l'industrie**, le Code du travail prévoit deux types de situation :

- L'article L. 3132-16 permet aux entreprises fonctionnant à l'aide d'un personnel d'exécution composé de deux groupes dont l'un, dénommé équipe de suppléance, a pour seule fonction de remplacer l'autre, de donner, par voie de convention ou d'accord collectif étendu, le ***repos hebdomadaire un autre jour que le dimanche***.
- L'article L. 3132-14 précise que les entreprises industrielles sont admises à donner le ***repos hebdomadaire par roulement***, si une convention ou un accord collectif étendu prévoit la possibilité d'organiser le travail de façon continue pour des raisons économiques.

5 chapitre

Le syndicalisme

C'est un aspect original du droit du travail. Normalement, le contrat de travail implique des relations entre un employeur et un salarié. Mais de plus en plus, on assiste à des relations de groupes à groupes, les progrès du syndicalisme ayant favorisé les rapports collectifs de travail. Dans le Code du travail, un chapitre est consacré au syndicat. C'est peu, compte tenu de l'importance du syndicat en droit du travail – ce dernier est d'ailleurs incontestablement lié au mouvement syndical. Les syndicats patronaux et les syndicats de salariés négocient ensemble les conditions de travail, mais surtout de rémunération.

Le syndicalisme a entraîné la transformation des rapports de travail en cherchant à réaliser un certain équilibre entre les salariés d'un côté et, de l'autre côté, l'employeur. Le rapport de travail s'est ainsi déplacé de la conception individuelle vers le plan collectif.

On étudiera le syndicat à travers trois principaux aspects : le ***statut juridique*** (1), la ***représentativité syndicale*** (2), la ***transformation*** et la ***dissolution*** (3).

I. Le statut juridique du syndicat

À partir de 1884, la reconnaissance du droit syndical et donc de la ***liberté syndicale*** (A) se dessine à travers ***l'activité syndicale*** (B), qui prend ***certaines formes*** (C).

A– La liberté syndicale

1. Les étapes de la reconnaissance de la liberté syndicale

Le mouvement syndical français a connu différentes phases : la période de ***conquête***, le temps de l'***unité syndicale***, celui enfin du ***pluralisme*** syndical.

→ La période de conquête

La période qui s'étend de l'Ancien Régime jusqu'en 1884 correspond à la phase de conquête du droit syndical. C'est une période de confrontation entre un pouvoir politique hostile à tout groupement spontané de salariés, et des travailleurs animés par une tendance naturelle à se regrouper.

Le ***compagnonnage***, contre lequel le pouvoir (royal comme seigneurial) a lutté, est sous l'Ancien Régime la forme première du syndicat.
La Révolution met fin à ces groupements. L'idéologie de l'époque est individualiste, et l'on veut proscrire le groupement qui s'intercale entre l'État et l'individu. Il faudra attendre 1848 pour que l'on relève une certaine tolérance à l'égard du groupement, et 1864 pour que le délit de coalition soit supprimé. C'est finalement la ***loi du 21 mars 1884, dite loi Waldeck-Rousseau***, qui consacrera le droit syndical.

→ Le temps de l'unité syndicale

Il dure jusqu'en 1919. Entre 1884 et 1919 commence à apparaître une forme élaborée du syndicalisme. La ***création de la CGT*** (Confédération générale du travail) ***remonte à 1895.*** Lors de la ***Charte d'Amiens signée en 1906,*** le syndicat exprime son indépendance à l'égard des partis politiques.

→ Le temps du pluralisme

À partir de 1919, c'est la ***reconnaissance du pluralisme syndical***. À côté de la CGT vont se créer de nouveaux syndicats : ***la CFTC*** (Confédération française des travailleurs chrétiens) ***en 1919*** ; ***la CGC*** (Confédération générale des cadres) ***en 1944***, le syndicalisme de cadres s'étant développé à partir de 1936. Il y aura, en outre, des divisions, des scissions. On peut par exemple, évoquer la scission de la CGT, ainsi que celle de la CFTC :

▶ **La scission de la CGT.** ***En 1921,*** soit l'année suivant le congrès de Tours (qui consacre la scission de la SFIO et la naissance de la SFIC, « communiste »), la CGT se scinde pour donner naissance à la CGT-U (« unitaire »). En 1936, les deux tendances se réconcilient, et la CGT sera la seule centrale. En 1947 apparaît la CGT-FO, et de la scission CGT / CGT-FO naît la FEN (Fédération de l'Éducation nationale), les enseignants ayant souhaité se retirer des deux syndicats existants.

▶ **La scission de la CFTC.** ***En 1946,*** une tendance minoritaire à l'intérieur de la CFTC s'affirme, et devient majoritaire. Elle s'efforce de supprimer la référence à la religion chrétienne et milite pour la transformation du sigle en CFDT (« démocratique du travail »). ***En 1964,*** cette transformation sera adoptée. L'ancienne majorité décide alors de se retirer de la nouvelle CFDT pour continuer à s'appeler

CFTC. Un accord interviendra entre les deux tendances à propos de la propriété des bureaux et du sigle.

2. La libre constitution du syndicat

La Constitution de 1946 et celle de 1958 font référence à cette liberté. Le ***préambule de la Constitution de 1946*** a ainsi consacré le droit syndical en rappelant que « *tout homme peut défendre ses droits et ses intérêts par l'action syndicale et adhérer au syndicat de son choix* ». Cette formulation très générale permettra au droit syndical de s'étendre à tous les secteurs de la vie professionnelle. Plus tard, une loi du 28 décembre 1958 favorise la formation économique et sociale des travailleurs appelés à exercer des responsabilités syndicales.
Pourtant, si l'article L. 2131-2 du Code du travail précise que le syndicat peut se constituer librement, et affirme de cette manière le principe de la liberté, une ***condition de forme*** et des ***conditions de fond*** sont posées.

➜ La condition de forme

Les formalités de constitution sont très légères : aucune autorisation administrative ou judiciaire n'est exigée pour constituer un syndicat. Il n'existe qu'***une seule condition de forme*** : les fondateurs doivent déposer *les statuts et les noms de ceux qui, à un titre quelconque, sont chargés de l'administration ou de la direction* (art. L. 2131-3). Ce dépôt a lieu à la mairie de la localité où le syndicat est établi (art. R. 2131-1). Le dépôt n'est qu'une formalité, mais elle est importante car, tant qu'elle n'est pas effectuée, le syndicat n'a pas d'existence légale. La ***personnalité morale du syndicat*** n'est acquise qu'au jour du dépôt.

➜ Les conditions de fond

Elles concernent l'objet du syndicat, mais également ses membres.

▶ **L'objet du syndicat.** La mission reconnue aux syndicats a été élargie en 1982, avec la suppression du principe dit de « ***spécialité*** ». Auparavant, l'ancien article L. 2131-1 du Code du travail affirmait que les syndicats ont *exclusivement pour objet l'étude et la défense des intérêts économiques, industriels, commerciaux et agricoles*. Le syndicat n'existait donc qu'en vue de la défense des ***intérêts professionnels***. Cet objet restrictif a permis de reprocher aux syndicats de faire de la politique, et d'engager des poursuites contre leurs dirigeants.
La rédaction du nouvel article L. 2131-1 du Code du travail issu de la loi Auroux du 28 octobre 1982 est plus large, dans la mesure où le syndicat n'a plus aujourd'hui pour objet la seule défense des intérêts professionnels, mais s'ouvre aux intérêts moraux, individuels… : « *Les syndicats professionnels ont exclusivement pour objet*

l'étude et la défense des droits ainsi que des intérêts matériels et ***moraux****, tant collectifs qu'****individuels****, des personnes visées par leurs statuts.* » Pour autant, certaines activités lui sont interdites : l'activité commerciale notamment.

▶ **Les membres du syndicat**. L'article L. 2131-5 du Code du travail précise que les membres chargés de l'administration et de la direction de tout syndicat professionnel doivent ***jouir de leurs droits civiques*** et ***n'être l'objet d'aucune interdiction, déchéance ou incapacité relative à ses droits civiques***.

Les ***unions de syndicats*** se constituent librement, selon les mêmes formalités que les syndicats. Elles ont les mêmes droits que les syndicats (art. L. 2133-1 à L. 2133-3).

→ La spécificité des syndicats patronaux

Les syndicats patronaux sont des partenaires sociaux. Ils défendent les intérêts de leurs adhérents, discutent avec les syndicats de salariés, et arrivent parfois à la signature d'accords collectifs. Les principaux syndicats patronaux sont le ***MEDEF*** (Mouvement des entreprises de France, ex-CNPF), la ***CGPME*** (Confédération générale des petites et moyennes entreprises, qui regroupe les petits patrons réticents à l'égard du MEDEF), la ***CNAM*** (Confédération nationale de l'artisanat et des métiers), la ***CAPEB*** (Confédération des artisans et des petites entreprises du bâtiment). Les groupements patronaux présentent des différences par rapport aux syndicats ouvriers quant à leur composition et à leurs objectifs.

▶ **La composition**. Ils groupent, à côté de ***chefs d'entreprise indépendants***, ***un grand nombre de personnes morales*** (les entreprises constituées sous forme de société). Mais les petits patrons restent souvent à l'écart de ces tendances. Il y a en effet, dans le monde patronal, une hostilité au regroupement, une tendance plus individualiste.

▶ **Les objectifs**. Ces syndicats ***disciplinent la profession***. Ils ***réglementent la concurrence en protégeant les intérêts de leurs membres***. Pendant longtemps, le syndicalisme patronal a surtout contribué à défendre les prérogatives patronales. Mais, à partir de 1936, les contacts avec les ouvriers ont été multipliés, car cette période a connu le ***développement des conventions collectives***. Aujourd'hui les relations tendent à ne plus se placer systématiquement sur le terrain du rapport de force.

▶ **La représentativité patronale**. La loi n° 2014-288 du 5 mars 2014 a introduit un nouveau titre dans le Code du travail relatif à la représentativité patronale. Selon l'article L. 2151-1, « *la représentativité des organisations professionnelles d'employeurs est déterminée parmi les critères cumulatifs suivants : 1° Le respect* *des valeurs républicaines ; 2° L'indépendance ; 3° La transparence financière ; 4° Une ancienneté minimale de deux ans dans le champ professionnel et géographique couvrant le niveau de négociation. Cette ancienneté s'apprécie à compter de la date de dépôt légal des statuts ; 5° L'influence, prioritairement caractérisée par l'activité et l'expérience ; 6° L'audience, qui se mesure en fonction du nombre d'entreprises adhérentes et, selon les niveaux de négociation. »*

▶ Appréciation de la représentativité

- Au niveau de la branche (art. L. 2152-1) :
  sont représentatives les organisations professionnelles d'employeurs qui satisfont aux critères de l'article L. 2151-1, qui disposent d'une implantation territoriale équilibrée au sein de la branche et dont les entreprises adhérentes à jour de leur cotisation représentent au moins 8 % de l'ensemble des entreprises adhérant à des organisations professionnelles d'employeurs.
- au niveau national et multiprofessionnel (art. L. 2152-2) :
  sont représentatives les organisations professionnelles d'employeurs qui satisfont aux critères de l'article L. 2151-1, celles dont les organisations adhérentes sont représentatives dans au moins dix conventions collectives (projet de loi relatif au dialogue social et à l'emploi du 22 avril 2015), auxquelles adhèrent au moins quinze organisations relevant de l'un des trois champs d'activité suivants : activités agricoles, professions libérales, économie sociale et solidaire, et qui justifient d'une implantation territoriale couvrant au moins un tiers du territoire national, soit au niveau départemental, soit au niveau régional.
- au niveau national et interprofessionnel :
  sont représentatives à ce niveau les organisations professionnelles qui satisfont aux critères de l'article L. 2151-1, celles dont les organisations adhérentes sont représentatives à la fois dans des branches de l'industrie, de la construction, du commerce et des services ; celles dont les entreprises et les organisations adhérentes à jour de leur cotisation représentent au moins 8 % de l'ensemble des entreprises adhérant à des organisations professionnelles d'employeurs satisfaisant aux critères de l'article L. 2151-1 et ayant fait la déclaration de candidature prévue à l'art. L. 2152-5.

▶ Déclaration de candidature

Pour l'établissement de leur représentativité, les organisations professionnelles d'employeurs se déclarent candidates. Elles indiquent à cette occasion le nombre de leurs entreprises adhérentes et le nombre de salariés qu'elles emploient (art. L. 2152-5).

3. La liberté d'adhésion à un syndicat

C'est la tradition libérale qui prévaut : le syndicat, groupement libre, ne s'impose pas non plus par la contrainte.

Lorsqu'il y a une liberté de choisir entre plusieurs syndicats, on parle de ***pluralisme syndical*** – ce qui permet l'application effective du principe selon lequel toute personne doit être libre d'adhérer au syndicat de son choix. À l'opposé, on parle d'***unité syndicale*** lorsqu'il y a un seul syndicat par profession.

Le droit français met en œuvre une solution intermédiaire, en maintenant le pluralisme mais en réservant aux seuls syndicats représentatifs, à l'exclusion des associations, les prérogatives les plus importantes de l'action syndicale : conclusion de conventions collectives, constitution d'une section syndicale d'entreprise…

Les salariés ont la ***liberté d'adhérer à un syndicat***, mais aussi le ***droit de ne pas adhérer***.

➜ La liberté d'adhérer

Le principe de la liberté d'adhésion est énoncé à ***l'article L. 2141-1 du Code du travail*** : « *Tout salarié peut librement adhérer au syndicat professionnel de son choix et ne peut être écarté pour l'un des motifs visés à l'article L. 1132-1.* »

Il n'existe pas de condition restrictive de capacité. À tel point que, avant même de se voir reconnaître la capacité civile, la femme mariée pouvait adhérer à un syndicat sans autorisation maritale.

Les personnes morales peuvent se syndiquer. La remarque est importante car les syndicats patronaux sont souvent composés de sociétés.

Le salarié peut adhérer au syndicat de son choix. Cette adhésion ne peut être prise en considération par l'employeur pour la conduite et la répartition du travail, pour l'octroi d'avantages sociaux, pour décider une mesure de discipline et de rupture du contrat de travail (art. L. 2141-5). Mais, dans la pratique, on constate néanmoins que des discriminations sont possibles.

➜ La liberté de ne pas adhérer

Malgré un ***souci d'éviter une trop grande emprise syndicale sur le salarié***, il existe pourtant, dans certains secteurs d'activités, un monopole de fait de certains syndicats (par exemple, la CGT dans l'industrie du livre ou chez les dockers).

Le Code du travail ***interdit un certain nombre de clauses syndicales***, à savoir :

- **la clause de *closed shop***, par laquelle l'employeur s'engage à n'embaucher que parmi les adhérents de tel syndicat, l'entreprise restant fermée aux autres. Il est en effet interdit à tout employeur de prendre en considération, notamment, l'appartenance à un syndicat lors du recrutement (art. L. 2141-5) ;

▶ **la clause de *union shop*,** par laquelle l'employeur embauche un salarié à la condition qu'il adhère à tel syndicat dans un délai déterminé. L'employeur ne doit en effet avoir recours à aucun moyen de pression en faveur ou à l'encontre d'une organisation syndicale (art. L. 2141-7) ;

▶ **la clause dite de retenue des cotisations syndicales,** par laquelle l'employeur prélève les cotisations sur la paie et les reverse ensuite à tel syndicat. En effet, il est interdit à tout employeur de prélever les cotisations syndicales sur les salaires de son personnel et de les payer au lieu et place de celui-ci (art. L. 2141-6).
On peut également préciser qu'à l'étranger, la conception syndicale diffère de celle développée en France : c'est plutôt un syndicalisme de coopération qui prévaut, et non un syndicalisme d'opposition.

B– L'activité syndicale

Les syndicats se sont vu reconnaître des ***moyens d'action***, et ont le droit d'***ester en justice***.

1. Les moyens de l'activité syndicale

L'instrument de l'action collective des syndicats est leur ***personnalité morale***, acquise dès le dépôt de leurs statuts. Les syndicats professionnels sont dotés, en effet, de la personnalité civile (art. L. 2132-1). Ils ont donc la capacité civile et peuvent de ce fait avoir des ***activités variées*** (voir *infra* : l'activité de gestion).
Ils peuvent ***acquérir des biens***. Leur patrimoine est protégé par ***l'insaisissabilité*** des immeubles et objets mobiliers nécessaires à leurs réunions, à leurs bibliothèques et à leurs formations (art. L. 2132-4).

2. L'action en justice du syndicat

Le syndicat peut agir ***comme personne victime d'un préjudice***, mais aussi pour la ***défense d'un intérêt individuel d'un adhérent ou d'un groupe déterminé d'adhérents***, et, enfin, pour la ***défense de l'intérêt collectif de la profession*** représentée.

→ L'action du syndicat agissant en tant que victime d'un préjudice

Le syndicat professionnel défend ses propres intérêts, car ***il a le droit d'agir en justice*** (art. L. 2132-3). On peut attaquer le syndicat lui-même, ou un dommage peut lui être causé. La question se pose de savoir qui peut alors agir comme représentant du syndicat, personne morale. Cela dépend en fait des statuts qui ont désigné la personne compétente à cet effet.

→ L'action du syndicat pour la défense d'un intérêt individuel d'un adhérent ou d'un groupe déterminé d'adhérents

Le syndicat agit dans cette hypothèse pour le compte d'une autre personne : comme procureur des intérêts individuels, en quelque sorte. Or il est un principe en France selon lequel « *nul ne plaide par procureur* ». Il s'agit donc là d'une entorse aux principes, c'est pourquoi elle est limitée :

- C'est une ***action réservée aux syndicats représentatifs***.
- C'est une ***action au domaine limité*** : il s'agit de situations dans lesquelles le salarié n'ose pas agir alors que les conséquences de son action ne seraient pas sans intérêt pour d'autres salariés (par exemple, en cas d'atteinte à l'égalité professionnelle entre les femmes et les hommes). Pour autant, le Conseil constitutionnel n'a admis la licéité de l'action qu'à la condition que le salarié en soit averti. Il faut en effet que ce dernier puisse s'opposer à cette action du syndicat – qui dans la pratique est d'ailleurs peu utilisée.

→ La défense de l'intérêt collectif de la profession représentée

La loi de 1884 consacre le droit syndical. Mais le syndicat peut-il agir pour la défense des intérêts collectifs ***devant les tribunaux*** ? Les juges ont tout d'abord été hostiles à ce genre d'action. Mais la Cour de cassation a tranché en admettant l'action en justice des syndicats dans un arrêt du 4 avril 1913 (Cass., 4 avril 1913, *D.* 1914, I, p. 65). Le législateur, par la loi du 12 mars 1920, a consacré cette jurisprudence.
Les syndicats ont vocation à représenter la profession. Et désormais, « *ils peuvent **devant toutes les juridictions** exercer tous les droits réservés à la partie civile relativement aux faits portant un **préjudice direct ou indirect à l'intérêt collectif de la profession** qu'ils représentent* » (art. L. 2132-3 al. 2). L'étendue de l'action des syndicats est large, puisque est affirmée la réparation du préjudice par ricochet (« *préjudice direct ou indirect* »). Quant au vocable « *profession* », il confirme ce caractère vague et flou dans la mesure où il ne s'agit pas du syndicat lui-même, mais de la profession.

C– Les formes de l'activité syndicale

La défense des intérêts professionnels est assurée par l'***action revendicative***, par l'***activité de gestion***, et par la forme d'action qui se développe de plus en plus aujourd'hui : la ***représentation de la profession*** par les syndicats.

1. L'action revendicative

L'action revendicative est en quelque sorte l'essence même du syndicalisme. C'est dans la ***grève*** que le syndicat va trouver son moyen d'action le plus efficace – il y a de ce fait un lien étroit entre le droit de grève et le droit syndical – mais la grève n'est pas le seul moyen de faire aboutir les revendications : il en existe d'autres, comme les ***interventions des dirigeants syndicaux*** auprès des employeurs, les ***déclarations*** à la télévision ou dans les médias, les ***manifestations*** sur la voie publique…

2. L'activité de gestion

Les syndicats peuvent ***affecter une partie de leurs ressources à la création d'habitations à loyer modéré et à l'acquisition de terrains*** destinés à la réalisation de jardins ouvriers, ou d'activités physiques et sportives (art. L. 2132-5, 3°). Ils peuvent librement ***créer, administrer ou subventionner des institutions professionnelles*** de prévoyance, des organismes d'éducation, de formation, de vulgarisation ou de recherche dans les domaines intéressant la profession (art. L. 2132-5, 2°), ***constituer entre leurs membres des caisses spéciales de secours mutuels et de retraites*** (art. L. 2132-6), ***subventionner des sociétés coopératives*** de production ou de consommation (art. L. 2132-5, 3°).
L'énumération de la loi n'est pas limitative, mais on remarquera que, dans la pratique, les syndicats ouvriers utilisent de façon modérée cette forme d'action.

3. La représentation de la profession

C'est la forme d'action qui prend de l'importance aujourd'hui. Nous l'avons déjà précisé, les syndicats peuvent agir en justice pour la ***défense des intérêts de la profession dans son ensemble***. Ils peuvent librement ***créer et administrer des centres d'informations sur les offres et les demandes d'emploi*** (art. L. 2132-5, 1°). Mais le rôle des syndicats est aujourd'hui reconnu lors de la ***négociation des conventions collectives*** : les syndicats représentatifs sont amenés à conclure ce qui va devenir la charte de la profession. À ce niveau, ***seuls les syndicats représentatifs*** sont appelés à la négociation, ce qui nous amène à préciser ce que recouvre la notion de représentativité syndicale.

II. La représentativité syndicale

La question qui se pose est de savoir ce qu'il faut entendre par les termes de syndicats « les plus représentatifs ». La notion de ***représentativité syndicale*** n'a de sens, en fait, que si le pluralisme syndical est admis. La formule a été employée pour la première fois à propos de la participation des syndicats à la Conférence internationale du travail dans le ***traité de Versailles*** en 1919. La loi du 24 juin 1936 relative aux conventions collectives évoque également le « syndicat le plus représentatif ».

La reconnaissance de la représentativité revêt des avantages : ***sur le plan international***, ces syndicats peuvent participer aux travaux de l'OIT, de la CEE ; ***sur le plan national***, ils désignent une partie des membres du Conseil économique et social, et siègent à la Commission nationale de la négociation collective ; ***sur le plan local***, ils peuvent désigner un représentant au comité d'entreprise et des délégués syndicaux. Mais ils n'ont plus seuls le droit de présenter des candidats au premier tour des élections des représentants du personnel.

La loi n° 2008-789 du 20 août 2008 portant rénovation de la démocratie sociale et réforme du temps de travail a modifié profondément la représentativité syndicale. La loi n° 2014-288 du 5 mars 2014 introduit dans le Code du travail un titre consacré à la représentativité patronale (art. L.2151-1 et s.).

Un syndicat représentatif se reconnaît à ***plusieurs critères*** (A). Il peut décider de constituer dans l'entreprise une ***section syndicale*** (B), et se compose de ***délégués syndicaux*** (C).

A– Les critères de la représentativité

1. Les critères de la représentativité selon le code du travail

La représentativité des organisations syndicales est déterminée d'après les critères suivants : le respect des valeurs républicaines, l'indépendance, la transparence financière, une ancienneté minimale de deux ans, l'audience, l'influence, les effectifs d'adhérents et les cotisations (art. L. 2121-1).

Reprenons pour les préciser, les critères posés par le Code du travail :

► **Le respect des valeurs républicaines** – c'est le respect de la liberté d'opinion, politique, philosophique ou religieuse, ainsi que le refus de toute discrimination, de tout intégrisme et de toute intolérance (art. 1-6 de la position commune du 9 avril 2008). Il s'agit de marquer un attachement à des valeurs essentielles telles que déjà affirmées par la Cour de cassation (ch. mixte 10 avril 1998, *Dr. soc.* 1998, p. 565).

▸ **L'indépendance.** Le syndicat doit être indépendant, vis-à-vis du patronat pour les syndicats ouvriers par exemple : une absence d'activité en faveur des salariés exclut la reconnaissance de représentativité.

▸ **La transparence financière.** Elle permet de vérifier l'utilisation des fonds et leur origine. Elle contribue à vérifier l'indépendance du syndicat.

▸ **Une ancienneté minimale de deux ans.** Un syndicat ne pourra être reconnu représentatif que s'il a cette ancienneté. C'est une facilité à l'accession immédiate de représentativité.

▸ **L'audience.** D'origine jurisprudentielle, ce critère est désormais reconnu par le législateur et montre l'importance des résultats électoraux.

▸ **L'influence.** Ce critère était déjà consacré par la jurisprudence. Il est désormais repris par la loi. Selon l'article L. 2121-1, l'influence devra être caractérisée par l'activité et l'expérience. Il faudra concilier ce critère avec celui de l'audience électorale.

▸ **Les effectifs d'adhérents et les cotisations.** Les adhérents sont nécessairement compris dans les effectifs. Cela dit, les effectifs sont ceux annoncés par le syndicat lui-même. C'est un critère quantitatif. La charge de la preuve pèse sur l'organisation qui se prétend représentative. Les cotisations permettent de s'assurer que le syndicat n'est pas démuni de tout moyen financier. Il faut qu'il puisse mener son action en toute indépendance et de manière effective.

2. L'importance respective des différents critères

Les critères de la **représentativité énumérés** à l'article L. 2121-1 du Code du travail présentent désormais un **caractère cumulatif**.

La Cour de cassation opère toutefois une distinction entre ces critères. Elle décide que ceux relatifs au respect des valeurs républicaines, à l'indépendance et à la transparence financière « doivent être satisfaits de manière autonome », les autres critères « doivent faire l'objet d'une appréciation globale » (Soc., 29 févr. 2012, JCP S 2012, 1168 ; Soc., 14 nov. 2013 JurisData n° 2013-025551).

C'est un ***arrêté du 31 mars 1966*** qui avait déclaré représentatifs des salariés la CGT, la CFDT, la CGT-FO, la CFTC et la CFE-CGC. **La loi du 20 août 2008 supprime la présomption irréfragable de représentativité** et impose une appréciation de la représentativité à intervalles réguliers.

3. Appréciation et conséquences de la représentativité

→ Les niveaux d'appréciation

▸ **Le niveau national et interprofessionnel.** Sont représentatives, les organisations syndicales qui satisfont aux critères de l'article L. 2121-1, qui ont recueilli au moins

8 % des suffrages exprimés au premier tour des dernières élections des titulaires au comité d'entreprise ou à défaut des délégués du personnel (art. L. 2122-9). La mesure de l'audience s'effectue tous les quatre ans.

▸ **Le niveau de la branche professionnelle.** Outre les conditions précédentes, sont représentatives les organisations syndicales qui disposent d'une implantation territoriale équilibrée au sein de la branche (art. L. 2122-5). La mesure de l'audience s'effectue tous les quatre ans.

▸ **Le niveau de l'entreprise et de l'établissement.** Sont représentatives, les organisations syndicales qui satisfont aux critères de l'article L. 2121-1 et qui ont recueilli au moins 10 % des suffrages exprimés au premier tour des dernières élections des titulaires au comité d'entreprise ou à défaut des délégués du personnel, quel que soit le nombre de votants (art. L. 2122-1).

→ Conséquences

▸ **Au niveau national.** Les syndicats représentatifs sont représentés dans certains organismes d'État : la Commission nationale de la négociation collective. Ils désignent une partie des membres du Conseil économique et social. Ces syndicats négocient, signent des conventions et des accords collectifs, et reçoivent des subventions de l'État pour la formation syndicale.

▸ **Au niveau de la profession.** Ces syndicats participent seuls à la négociation des conventions et accords collectifs de travail, et ils peuvent en demander l'extension.

▸ **Au niveau de l'entreprise.** Les syndicats représentatifs désignent un représentant au comité d'entreprise, des délégués syndicaux. Ils peuvent conclure des conventions et des accords collectifs de travail (art. L. 2231-1).

B– La section syndicale

Selon l'article L. 2142-1 du Code du travail, « *la section syndicale assure la représentation des intérêts matériels et moraux de ses membres* » conformément à l'article L. 2131-1. En application des ***accords de Grenelle***, c'est une loi du 27 décembre 1968 qui a créé la section syndicale. La section d'entreprise est animée par les délégués syndicaux. Elle n'a ***pas de personnalité juridique***, mais dispose de ***certains moyens d'action***.

1. L'absence de personnalité juridique

→ Position du problème

L'absence de personnalité juridique est conforme aux souhaits des grandes confédérations : la section ne doit pas avoir d'autonomie par rapport au syndicat.

Mais depuis la loi du 20 août 2008, il n'est plus exigé que le syndicat soit représentatif (art. L. 2142-1-1). L'objectif du législateur est de renforcer la présence syndicale dans l'entreprise. Par ailleurs, il n'y a pas de formalité de constitution, mais simplement l'obligation d'informer le chef d'entreprise.

➜ Conséquences

Dès lors qu'ils ont plusieurs adhérents dans l'entreprise ou dans l'établissement, chaque syndicat qui y est représentatif, chaque syndicat affilié à une organisation syndicale représentative au niveau national et interprofessionnel ou chaque organisation syndicale qui satisfait aux critères de respect des valeurs républicaines et d'indépendance et est légalement constituée depuis au moins deux ans et dont le champ professionnel et géographique couvre l'entreprise concernée peut constituer, au sein de l'entreprise ou de l'établissement, une section syndicale (art. L. 2142-1). Cela remet sans doute en cause la jurisprudence (Cass. soc., 27 mai 1997, *Dr. soc.*, 1997, 757). Chaque syndicat qui constitue, conformément à l'article L. 2142-1, une section syndicale au sein de l'entreprise ou de l'établissement d'au moins 50 salariés ou plus peut, s'il n'est pas représentatif dans l'entreprise ou l'établissement, désigner un représentant de la section pour le représenter au sein de l'entreprise ou de l'établissement (art. L. 2142-1-1).
Dans les entreprises qui emploient moins de 50 salariés, les syndicats non-représentatifs dans l'entreprise, qui constituent une section syndicale, peuvent désigner, pour la durée de son mandat, un délégué du personnel comme représentant de la section syndicale (art. 2142-1-4).

2. Les moyens d'action

La section syndicale peut ***percevoir les cotisations***, et a un ***rôle de communication***.

➜ La perception des cotisations

Selon l'article L. 2142-2 du Code du travail, la collecte des cotisations syndicales peut être effectuée à l'intérieur de l'entreprise, dans la mesure où la retenue des cotisations directement sur le bulletin de salaire n'est pas admise dans notre droit.

➜ Le rôle de communication

▶ **La liberté d'expression dans l'entreprise**. L'affichage des communications syndicales s'effectue librement sur des panneaux réservés à cet usage et distincts de ceux qui sont affectés aux communications des délégués du personnel et du comité d'entreprise (art. L. 2142-3). Par ailleurs, les publications et tracts de nature syndicale peuvent être librement diffusés aux travailleurs de l'entreprise dans l'enceinte de celle-ci aux heures d'entrée et de sortie du travail (art. L. 2142-4).

▶ **La possibilité de réunion**. Les adhérents de chaque section syndicale peuvent se réunir une fois par mois dans l'enceinte de l'entreprise en dehors des locaux de travail suivant les modalités fixées par accord avec l'employeur. Les sections peuvent aussi inviter des personnalités syndicales extérieures, mais les réunions doivent intervenir en dehors du temps de travail (art. L. 2142-10, art. L. 2142-10, art. L. 2142-11). Il appartient cependant à l'entreprise de mettre à la disposition des sections syndicales un local commun convenant à l'exercice de la mission de leurs délégués à partir d'un seuil de 200 salariés (art. L. 2142-8 al. 1). Si l'entreprise occupe 1 000 salariés ou plus, l'employeur doit mettre à la disposition de chaque section syndicale un local convenable, aménagé et doté du matériel nécessaire à son fonctionnement (art. L. 2142-8 al. 2).

C– Les délégués syndicaux

Le délégué syndical est un personnage important dans l'entreprise, dont l'institutionnalisation remonte à 1968.

1. La désignation du délégué syndical

On évoquera tout d'abord les ***conditions communes***, puis les ***différents mandats***.

→ Les conditions communes

Chaque organisation syndicale représentative dans l'entreprise ou l'établissement d'au moins 50 salariés, qui constitue une section syndicale, désigne parmi les candidats aux élections professionnelles qui ont recueilli au moins 10 % des suffrages exprimés au premier tour des dernières élections au comité d'entreprise ou des délégués du personnel, un ou plusieurs délégués syndicaux pour la représenter auprès de l'employeur (art. L. 2143-3). La loi n° 2014-588 du 5 mars 2014 relative à la formation professionnelle, à l'emploi et à la démocratie sociale a créé un nouveau cas de désignation du délégué syndical. En effet, selon l'article L. 2143-3 al. 2, « *si aucun des candidats présentés par l'organisation syndicale aux élections professionnelles ne remplit les conditions mentionnées au premier alinéa du présent article, ou s'il ne reste dans l'entreprise ou l'établissement plus aucun candidat aux élections professionnelles qui remplit les conditions, une organisation syndicale représentative peut désigner un délégué syndical parmi les autres candidats ou, à défaut, parmi ses adhérents au sein de l'entreprise ou de l'établissement* ».
La désignation d'un délégué peut intervenir lorsque l'effectif de 50 salariés ou plus a été atteint pendant douze mois consécutifs ou non au cours des trois années précédentes (art. L. 2143-3 al. 3).

Le délégué syndical doit être âgé de 18 ans révolus, travailler dans l'entreprise depuis un an au moins et n'avoir fait l'objet d'aucune interdiction, déchéance ou incapacité relative à ses droits civiques (art. L. 2143-1).
Les contestations relatives aux conditions de désignation des délégués syndicaux sont de la compétence du tribunal d'instance (art. L. 2143-8, R. 2143-5). Le recours doit être introduit dans les quinze jours qui suivent l'accomplissement des formalités d'affichage (art. L. 4143-8).

→ Les différents mandats

Dans les entreprises qui emploient moins de 50 salariés, les syndicats représentatifs dans l'établissement peuvent désigner, pour la durée de son mandat, un délégué du personnel comme délégué syndical (art. L. 2143-6). Dans la pratique, ces dispositions ont peu d'intérêt car les deux tiers des entreprises n'ont pas de délégués du personnel.
Dans les entreprises de 2 000 salariés et plus, qui comportent au moins deux établissements de 50 salariés chacun ou plus, chaque syndicat représentatif dans l'entreprise peut désigner un délégué syndical central d'entreprise, distinct des délégués syndicaux d'établissement (art. L. 2143-5).
Il faut noter que le licenciement d'un délégué syndical ne peut intervenir qu'après autorisation de l'inspecteur du travail (art. L. 2411-3).

2. La mission des délégués syndicaux

Ils représentent le syndicat auprès de l'employeur (art. L. 2143-3). Pour l'exercice de leur fonction, ils peuvent se déplacer dans l'entreprise ; ils peuvent aussi se déplacer en dehors d'elle pendant les heures de délégation (art. L. 2143-20). Chaque délégué dispose d'un temps nécessaire à l'exercice de ses fonctions : de 10 heures à 20 heures par mois selon l'effectif de l'entreprise ou de l'établissement (art. L. 2143-13). Ce temps peut être dépassé en cas de circonstances exceptionnelles. Et lorsqu'un délégué syndical et un délégué du personnel cohabitent, il convient de préciser que ce dernier veille à l'application du droit existant et que le premier a pour rôle de chercher à modifier ce même droit dans un sens plus favorable pour le salarié (il peut, par exemple, protester contre une durée de travail excessive).

III. Transformation et dissolution du syndicat

Comme tout groupement, le syndicat peut ***se transformer*** (A), mais aussi ***disparaître*** (B).

A– La transformation du syndicat

1. Position du problème

Il s'agit en fait de la ***scission syndicale*** : à partir d'un syndicat existant se crée un nouveau syndicat (nous avons déjà évoqué celle qui s'est produite au sein de la CGT, par exemple). La question qui se pose alors est de savoir ce que deviennent le patrimoine du syndicat, son nom…

2. Les conséquences

Il peut y avoir un partage proportionnel au nombre des adhérents entre l'ancien et le nouveau syndicat. La situation peut aussi être la suivante : seule une minorité des membres se prononce en faveur du nouveau syndicat ; elle se retire, mais n'a, dans ces conditions, aucun droit sur le patrimoine. Cela dit, on peut aussi envisager que le patrimoine appartienne à la personne morale : peu importe dès lors le nombre d'adhérents qui quittent le syndicat.
En fait, la jurisprudence résout au cas par cas les problèmes lorsqu'ils se présentent (souvent, ils se règlent par transaction au niveau des centrales).

B– La dissolution

Elle peut être volontaire, statutaire, ou prononcée par l'autorité judiciaire (art. L. 2131-6).

▸ **La dissolution volontaire**. Elle est décidée, si les statuts le prévoient, ***par une majorité d'adhérents***.

▸ **La dissolution statutaire**. Elle découle des statuts. C'est le cas si un syndicat est formé pour une durée limitée.

▸ **La dissolution par autorité de justice**. C'est une sanction. Elle peut être demandée par le ministère public en cas d'irrégularités, par exemple, dans sa formation ou son action. La juge va apprécier, selon la gravité des faits, s'il faut ou non prononcer la dissolution.
On peut se poser la question de savoir ce que va devenir le patrimoine du syndicat. Souvent, les statuts prévoient que les biens sont attribués à un syndicat qui a le même objet. Mais si les statuts n'ont rien prévu, c'est l'assemblée générale qui statue (art. L. 2131-6). Cependant, les biens ne seront jamais partagés entre les adhérents (art. L. 2131-6 al. 2).

6 chapitre

La négociation collective

Depuis la loi du 13 novembre 1982, le droit du travail français n'est plus seulement celui des conventions collectives, mais celui de la négociation collective.

Un ***rappel de l'évolution historique*** s'impose (1), avant de voir comment ***la loi contraint l'employeur à négocier*** (2). On montrera aussi que l'État joue un rôle au niveau de la négociation de branche, avec le ***procédé d'extension et d'élargissement*** (3).

I. Évolution historique

A– Les premiers accords collectifs

→ La naissance du procédé de la négociation collective

Les premiers accords collectifs sont apparus en dehors de toute réglementation légale, en 1919. Il faut en réalité noter que, dès le XIXe siècle, lorsqu'il y avait un ***conflit dans l'industrie***, l'employeur tentait de négocier la fin du mouvement avec les grévistes. Cela ne pouvait bien entendu se concevoir que si les salariés désignaient des ***représentants*** pour négocier en leur nom et signer à leur place les conditions de reprise du travail (l'employeur ne pouvant négocier individuellement avec chacun des salariés). C'est à cette époque que remonte la naissance de la négociation collective.

→ Les effets

Les conventions sont interprétées, à la lumière du Code civil, comme des ***contrats au sens de l'article 1134***. Ce sont des ***accords qui n'engagent que leurs signataires***.

Plus précisément, en application de l'article 1165 du Code civil et du principe de l'effet relatif des contrats, l'accord est sans valeur dans les rapports entre l'employeur et les salariés ***qui ne sont pas membres du syndicat signataire*** de la convention collective.
La loi du 25 mars 1919 indique enfin que les clauses du contrat de travail contraires à celles de la convention collective seront réputées non écrites et remplacées de plein droit par les dispositions correspondantes de la convention collective. Mais il faudra attendre 1936 pour constater l'essor de la technique des conventions collectives.

B– L'essor de la technique des conventions collectives

Elle s'est faite en différentes étapes correspondant aux lois du 24 juin 1936, 11 février 1950, 13 novembre 1982 et, enfin, 4 mai 2004.

→ La loi du 24 juin 1936

Pour la première fois apparaît une ***procédure d'extension de la convention collective***, dès l'instant où elle a été signée par les syndicats représentatifs. Les entreprises doivent alors respecter la convention dans leurs rapports avec le personnel même si elles ne sont pas membres du groupement signataire.
La loi du 23 décembre 1946 instituera ensuite la convention de type étatique : la conclusion de la convention requiert l'agrément des autorités publiques, la loi indique elle-même les points qui doivent figurer dans la convention, et elle exclut la fixation des salaires par voie conventionnelle. Ce sera un échec, car il n'y a plus de liberté contractuelle.

→ La loi du 11 février 1950

C'est la loi du 11 février 1950, modifiée en 1971, qui marque le retour au libéralisme. C'est à nouveau la libre négociation des conditions de travail, y compris le montant des salaires.
Cette loi établit deux types de conventions collectives : les conventions dites ***ordinaires,*** où la liberté des parties prévaut (application des articles 1134 et 1165 du Code civil), et les conventions ***susceptibles d'être étendues***. Ces dernières sont en quelque sorte la charte de toutes les entreprises de la branche d'activité considérée. Il faut noter également que l'ordonnance du 27 septembre 1967 modifiant la loi du 11 février 1950, ainsi que celle du 13 juillet 1971, facilitent la conclusion de conventions limitées à une entreprise ou un établissement.

Pour autant, la reconnaissance du droit des travailleurs à la négociation n'avait pas de contrepartie. C'est la raison pour laquelle, en 1982, le gouvernement a souhaité donner un nouvel essor à la négociation collective.

→ La loi du 13 novembre 1982

Il fallait faire bénéficier un plus grand nombre de salariés des normes conventionnelles et, surtout, veiller à ce que ces normes aient de réelles conséquences sur la vie des travailleurs. La loi du 13 novembre 1982, complétée par celle du 3 janvier 1985, a imposé ***l'obligation de négocier***.

À partir de ce moment, ***les règles d'extension et d'élargissement des conventions collectives*** ont été modifiées, et l'obligation de négocier dans la branche et dans l'entreprise, sur les salaires effectifs comme sur la durée du travail, a été affirmée. C'était admettre la ***négociation articulée***, les employeurs négociant à deux niveaux : complétant dans l'accord d'entreprise les droits accordés aux salariés dans la convention de branche. Mais c'était surtout la ***consécration du droit syndical à la négociation***. L'accord conclu par référendum dans l'entreprise, par exemple, n'est pas un accord collectif d'entreprise. Le monopole syndical dans ce domaine était affirmé.

→ La loi du 4 mai 2004

Elle réforme en profondeur le droit de la négociation collective en permettant dans l'entreprise la négociation d'accords qui dérogent sous certaines conditions à la convention de branche.

→ La loi du 20 août 2008

Elle réforme la représentativité syndicale, ce qui ne sera pas sans conséquences sur l'ensemble des rapports collectifs de travail.

II. L'obligation de négocier

Au niveau de l'entreprise, une négociation portant sur les salaires effectifs, la durée effective du travail, l'organisation du temps de travail, doit s'engager chaque année. ***Au niveau de la branche***, les organisations liées par une convention de branche ont une obligation de négocier. L'obligation s'impose ainsi aux organisations qui ont déjà conclu une convention ou un accord (art. L. 2241-1).

La loi du 13 novembre 1982 a harmonisé le régime des accords interprofessionnels, des conventions de branche, des accords d'entreprise. Mais l'on peut distinguer la ***convention collective***, dont l'objet est général et qui a vocation à

traiter de l'ensemble des matières visées à l'article L. 2221-1 (c'est-à-dire de l'ensemble des conditions d'emploi, de formation professionnelle et de travail, et de leurs garanties sociales) [art. L. 2221-2], et l'***accord collectif***, dont l'objet est spécial, qui traite un ou des sujets déterminés dans cet ensemble (art. L. 2221-2 al. 2). La distinction entre la convention et l'accord s'applique quel que soit le niveau de négociation. Ainsi, il existe des conventions et des accords de branche, des conventions et des accords d'entreprise. L'ensemble des conventions et accords collectifs de travail sont soumis, sauf dispositions particulières, à des règles communes.
À la condition de respecter le principe de hiérarchie, et compte tenu du principe de liberté de négociation, il est possible de négocier à n'importe quel niveau (établissement, entreprise, branche, interprofessionnel). Cela dit, le choix du niveau de négociation est important, qu'il s'agisse de l'***accord national interprofessionnel*** (A), de la ***convention de branche*** (B) ou de l'***accord d'entreprise*** (C).

A– L'accord national interprofessionnel (ANI)

À ce niveau, la négociation est facilement acceptée, c'est pourquoi il n'y a ***pas d'obligation de négocier***. En effet, l'ANI traite de sujets d'intérêt commun comme le chômage, la formation, les nouvelles technologies, le travail précaire… Un conflit collectif est souvent à l'origine d'un accord national interprofessionnel, lui-même suivi d'une loi (les grèves de 1936 ont été suivies par les accords de Matignon, puis par la loi du 24 juin 1936). Plus récemment, à l'origine de la loi du 20 août 2008, il faut rappeler la négociation interprofessionnelle relative à la représentativité syndicale, et celle du 7 janvier 2009, relative à l'orientation et à la formation professionnelle tout au long de la vie, à l'origine de la loi n° 2009-1437 du 24 novembre 2009.
Cet accord est négocié par les syndicats représentatifs de salariés et les représentants des employeurs et permet une application plus facile de la loi. Il traduit en fait le souci de négocier sans attendre la pression d'un conflit collectif. C'est de cette manière qu'ont été créées de véritables institutions comme, par exemple, l'assurance chômage…
Le 11 janvier 2013, les partenaires sociaux sont parvenus à un accord national interprofessionnel sur la sécurisation de l'emploi afin de donner aux entreprises plus de flexibilité dans la gestion de l'emploi et de renforcer la protection des salariés. On peut citer certaines dispositions de l'ANI comme la généralisation de la complémentaire santé, la sécurisation des parcours professionnels par la formation, l'aménagement des licenciements économiques. La loi n° 2013-504 du 14 juin 2013 relative à la sécurisation de l'emploi est issue de cet accord.

B– La convention de branche

Elle constitue la loi de la profession concernée (papier, carton…). La convention de branche, très importante en droit français car elle a un rôle social conséquent, est négociée entre syndicats représentatifs. Elle demeure cependant éloignée de l'entreprise et de ses problèmes quotidiens.

1. Le champ d'application de la convention de branche

L'article L. 2211-1 du Code du travail énumère les professions pour lesquelles la réglementation doit s'appliquer : ce sont les professions industrielles et commerciales. Les dispositions s'appliquent aux employeurs de droit privé ainsi qu'à leurs salariés. La convention collective est devenue le mode normal de réglementation des relations de travail entre employeurs et salariés du secteur privé puisque tous les secteurs professionnels sont soumis à un système de convention collective.

2. Élaboration de la négociation

➜ L'obligation de négocier

Les organisations liées par une convention de branche se réunissent au moins une fois par an pour négocier sur les salaires et au moins une fois tous les cinq ans pour examiner la nécessité de réviser les classifications (art. L. 2241-7), tous les trois ans pour négocier sur les mesures tendant à assurer l'égalité professionnelle entre les femmes et les hommes et sur les mesures de rattrapage tendant à remédier aux inégalités constatées (art. L. 2241-3), sur les conditions de travail, la gestion prévisionnelle des emplois et des compétences et sur la prise en compte de la pénibilité du travail. La négociation peut également porter sur le contrat de génération (art. L. 2241-4). Les organisations se réunissent aussi tous les trois ans pour négocier sur les mesures tendant à l'insertion professionnelle et au maintien dans l'emploi des travailleurs handicapés (art. L. 2241-5), pour négocier sur les priorités, les objectifs et les moyens de la formation professionnelle des salariés (art. L. 2241-6).

▶ **La question des salaires.** Les parties procèdent à l'examen de l'***évolution des salaires*** et de la situation de l'emploi dans la branche. Cela permet d'apprécier les revendications salariales. À partir de ces différents constats, on peut procéder aux négociations, qui portent sur les minima par catégories professionnelles.

▶ **Les classifications.** Il faut qu'elles soient revues périodiquement, sans quoi elles sont susceptibles de devenir inadaptées (notamment aux nouveaux emplois liés à la modernisation : robotique, informatique…).

➜ Les modalités de la négociation

▶ **Les règles de négociation.** Ce sont les parties qui les choisissent, en vertu du principe de liberté de négociation.
L'employeur a cependant deux obligations : **1°)** ***remettre aux syndicats***, quinze jours avant l'ouverture de la négociation, ***un rapport*** (art. D. 2241-1) donnant des indications sur la situation de l'emploi et l'évolution des salaires ; **2°)** ***rémunérer les salariés qui participent à la négociation*** (art. L. 2232-8).

▶ **La capacité des parties à la négociation.** La convention collective ou l'accord collectif de travail est un acte conclu entre :

- ***Du côté du salarié :*** une ou plusieurs organisations syndicales de salariés représentatives dans le champ d'application de la convention ou de l'accord (art. L. 2231-1). La loi du 20 août 2008 a modifié les conditions de la représentativité des organisations syndicales. Les représentants des organisations syndicales sont habilités à contracter au nom de l'organisation qu'ils représentent en vertu, soit d'une stipulation statutaire de cette organisation, soit d'une délibération spéciale de cette organisation, soit de mandats spéciaux écrits qui leur sont donnés individuellement par tous les adhérents de cette organisation (art. L. 2231-2).
- ***Du côté de l'employeur :*** une ou plusieurs organisations syndicales d'employeurs ou toute autre association d'employeurs, ou un ou plusieurs employeurs pris individuellement (art. L. 2231-1). Il n'y a pas de condition de représentativité.

➜ Les conditions de forme et de publicité

▶ **La condition de forme.** La convention ou l'accord collectif de travail doit être ***écrit***, à peine de nullité (art. L. 2231-3).

▶ **La condition de publicité.** Il faut que la convention soit portée à la connaissance du public :

- À cet effet, les conventions et accords collectifs ainsi que leurs avenants doivent être déposés par la partie la plus diligente auprès des ***services du ministre chargé du travail*** (art. L. 2231-6 ; D. 2231-2). La partie la plus diligente en remet aussi un exemplaire au ***greffe du conseil de prud'hommes du lieu de conclusion*** (art. D. 2231-2).
- Ces formalités de dépôt ne semblent pas prescrites à peine de nullité, mais elles ***déterminent l'entrée en vigueur de la convention***, car ces textes sont applicables, sauf stipulations contraires, à partir du jour qui suit leur dépôt auprès du service compétent (art. L. 2261-1). Par ailleurs, l'employeur lié par une convention ou un accord collectif de travail doit procurer ***un exemplaire au comité d'entreprise, ainsi***

qu'aux délégués du personnel et aux délégués syndicaux (art. R. 2262-2). En outre, ***il doit tenir un exemplaire à la disposition des salariés sur le lieu de travail*** dans chaque établissement, un avis étant d'ailleurs affiché à ce sujet (art. R. 2262-1, 2° ; R/2262-3). La Cour de cassation se montre très ferme sur la question de l'affichage, en décidant qu'un employeur ne peut opposer une disposition conventionnelle à un salarié qui n'a pas pu en prendre connaissance faute d'un affichage suffisant (Soc., 29 mars 1995, *Bull. civ.*, V, n° 112). Et au moment de l'embauche, le salarié reçoit de l'employeur une notice d'information relative aux textes conventionnels applicables dans l'entreprise ou l'établissement (art. R. 2262-1, 1°).

- De plus, ***l'employeur fournit chaque année*** au comité d'entreprise, aux délégués syndicaux ou aux délégués du personnel, ***la liste des modifications apportées aux conventions ou accords collectifs de travail*** applicables dans l'entreprise (art. L. 2262-6). Quant aux ***salariés***, ils doivent trouver sur leur ***bulletin de salaire*** l'intitulé de la convention collective de branche qui leur est applicable (art. R. 3243-1, 3°).

3. Le contenu des conventions

La convention peut précéder ou compléter le contenu de la loi. La convention collective porte non seulement sur les conditions d'emploi et de travail, mais comporte aussi des garanties sociales. La validité d'une convention de branche est subordonnée à sa signature par une ou plusieurs organisations syndicales de salariés représentatives ayant recueilli, aux élections prises en compte pour la mesure de l'audience prévue au 3° de l'article L. 2122-5, au moins 30 % des suffrages exprimés en faveur d'organisations reconnues représentatives à ce niveau, quel que soit le nombre de votants, et à l'absence d'opposition d'une ou plusieurs organisations syndicales de salariés représentatives ayant recueilli la majorité des suffrages exprimés à ces mêmes élections (art. L. 2232-6).
Les conventions peuvent contenir des dispositions plus favorables aux salariés que celles résultant des lois et règlements en vigueur. La question se pose de savoir comment faire application du principe de la disposition la plus favorable, et comment régler le problème du cumul de ces avantages.

→ Les dispositions plus favorables

Les dispositions conventionnelles plus favorables se substituent à celles figurant dans le contrat de travail (Cass., 19 novembre 1997, *Dr. soc.*, 1998, 12). En revanche, une clause contractuelle moins favorable est réputée non écrite. Mais la convention collective ne s'incorpore pas pour autant au contrat, et si la norme collective disparaît, le contrat retrouve son état d'origine. Dans ces conditions, le caractère irréversible des acquis sociaux est un mythe. Toutefois, il est vrai que le maintien des avantages acquis individuels dans le cas de la dénonciation de la convention à durée indéterminée nuance ce constat.

➜ Application du principe de la disposition la plus favorable

Dans une décision du 25 juillet 1989 (*Dr. soc.* 1989, 628), le Conseil constitutionnel a jugé que « *constitue un principe fondamental du droit du travail, le principe selon lequel une convention collective de travail peut contenir des dispositions plus favorables aux travailleurs que celles des lois ou règlements* ». Mais si la convention et l'accord collectif de travail peuvent comporter ces dispositions, l'article L. 2251-1 du Code du travail précise qu'ils ***ne peuvent déroger aux dispositions qui revêtent un caractère d'ordre public***.
À la condition de respecter cet ordre public social, il faut admettre que l'article L. 2251-1 du Code du travail pose le principe de l'application de la disposition la plus favorable, et ce principe est d'application large, c'est la raison pour laquelle des dispositions conventionnelles vont se substituer à des règles du droit du travail quand elles sont plus favorables.

➜ Le cumul des avantages

Par principe, ne peuvent se cumuler les avantages résultant de la convention et ceux résultant de la règle légale à laquelle elle est substituée. De même, « *En cas de* ***concours de conventions collectives****, les avantages ayant le même objet ou la même cause ne peuvent se cumuler : le plus favorable d'entre eux pouvant seul être accordé* » (Cass., Ass. plén., 18 mars 1988, *D.*, 1989.221). En application du principe de faveur, une convention ou un accord professionnel ne pouvait comporter des dispositions moins favorables aux salariés que celles qui leur étaient applicables en vertu d'une convention ou d'un accord couvrant un champ territorial ou professionnel plus large. La loi du 4 mai 2004 a réduit la portée de cette règle. Désormais, sauf si cette convention ou cet accord stipule expressément qu'on ne peut y déroger en tout ou partie, une convention de branche ou un accord professionnel peut comporter des stipulations moins favorables aux salariés que celles qui leur sont applicables en vertu d'une convention ou d'un accord couvrant un champ territorial ou professionnel plus large (art. L. 2252-1).

4. Domaine d'application de la convention collective

Pour qu'une convention soit applicable, il faut différentes conditions.

➜ Les conditions liées à l'employeur

Les conventions obligent tous ceux qui les ont signées, ou qui sont membres des organisations ou groupements signataires. Si l'employeur n'est pas membre du groupement signataire, il n'est pas lié par la convention ou l'accord (sauf arrêté d'extension). Si l'employeur est membre du groupement signataire, l'application de la convention ou de l'accord est obligatoire (art. L. 2262-1). L'employeur qui démissionne de l'organisation ou du groupement signataire postérieurement à la signature de la convention ou de l'accord demeure lié par ces derniers (art. L. 2262-3). Enfin, l'employeur peut adhérer à une convention (art. L. 2261-3). L'adhésion rend la convention applicable dans l'entreprise. Pour que la convention s'applique à une entreprise, celle-ci doit en relever non seulement du fait de son activité mais aussi de sa situation géographique. Nous évoquerons également le problème du changement d'employeur.

▶ **L'activité et la situation de l'entreprise** (art. L. 2261-2). Pour que la convention soit applicable à une entreprise, il faut : 1°) ***que l'activité principale de l'entreprise soit visée dans un article de la convention collective*** ; 2°) ***que l'entreprise soit située dans l'espace géographique couvert par la convention collective*** (les partenaires sont libres de négocier dans le cadre de leur choix : national, régional, local).

▶ **Le changement d'employeur.** Dans le cas d'un changement d'employeur, l'article L. 2261-14 du Code du travail renvoie à l'hypothèse de la dénonciation pour déterminer la convention qui va s'appliquer. Quant à la jurisprudence, après de nombreux flottements, elle semble maintenant fixée :

- Tout d'abord, ***la convention d'origine continue de produire ses effets*** dans ses rapports entre les salariés et le nouvel employeur ***pendant une période d'un an*** après l'expiration du délai de préavis, à défaut d'accord qui lui est substitué (Cass., 22 juin 1993, *Dr. soc.* 1993, 659). Cet accord doit résulter de la négociation.
- Ensuite, la nouvelle convention ne va pas se substituer de suite à l'ancienne convention dans la mesure où il faut un accord en ce sens. Pendant cette période, ***deux conventions ont vocation à s'appliquer***, et les salariés de l'ancien employeur vont pouvoir invoquer la clause la plus favorable. Mais à l'expiration de la période, les salariés, en l'absence d'accord, pourront se prévaloir des avantages individuels acquis en vertu de l'ancien accord (Cass., 1er décembre 1993, *Dr. soc.* 1994, 219).

→ Les conditions liées aux salariés

Lorsque l'employeur est membre du groupement signataire, tout son personnel, même non syndiqué, profite de la convention. La convention de branche s'applique à tous les salariés de l'entreprise, sauf si une autre convention a vocation à s'appliquer à telle catégorie de personnel.

→ La durée de la convention : indéterminée ou déterminée (art. L. 2222-4)

▶ **Les conventions à durée indéterminée.** Toute convention de branche doit être assurée d'une certaine continuité, d'une stabilité. C'est la raison pour laquelle les signataires peuvent opter pour la convention à durée indéterminée, mais à la condition de prévoir dans quelle forme et à quelle époque elle pourra être révisée (art. L. 2222-5). Il n'y a pas d'engagement perpétuel.
Les parties vont, dans ces conditions, adapter le texte sous forme d'avenants. L'accord ainsi révisé est-il opposable à tous les salariés ?

- Si l'ensemble des organisations syndicales de salariés signataires ou adhérentes acceptent la révision, l'avenant modificatif est opposable à l'ensemble des salariés.
- Mais si la révision ne fait pas l'unanimité, la question est plus délicate. La Cour de cassation, par un arrêt de 1992 (Ass. plén., 20 mars 1992, *Basirico, Dr. soc.* 1992, 370), avait admis la validité de l'avenant modificatif, même s'il n'était pas signé par l'ensemble des organisations syndicales parties à l'accord, tout en décidant, en revanche, que les salariés en place au jour de la révision pouvaient se prévaloir de la clause la plus favorable. Or il y avait une difficulté dans la mesure où la révision n'avait de sens que si elle s'appliquait à l'ensemble des salariés. C'est la raison pour laquelle le législateur était intervenu, pour éviter les risques de blocage : l'accord révisé se substituait de plein droit aux anciennes stipulations de la convention, même s'il n'avait pas été signé par l'ensemble des parties à l'accord d'origine. L'avenant était opposable à l'ensemble des salariés. **La loi du 4 mai 2004 a supprimé ce dispositif** : désormais, seules les organisations syndicales de salariés représentatives signataires ou adhérentes d'une convention ou d'un accord collectif de travail sont habilitées à signer les avenants portant révision de cette convention ou de cet accord (art. L. 2261-7). L'avenant de révision se substitue de plein droit aux stipulations de la convention ou de l'accord qu'il modifie et il est opposable à l'ensemble des employeurs et des salariés liés par la convention ou l'accord collectif de travail (art. L. 2261-8 al. 2)
- Pour ce qui concerne la situation où certaines organisations patronales signataires ne signent pas l'accord de révision, l'avenant modificatif n'est opposable qu'aux employeurs qui l'ont signé ou qui sont membres d'un groupement qui l'a signé (Cass. soc., 29 mai 1996, *Dr. soc.* 1996, 608) (voir cependant l'art. L. 2261-8 qui vise « l'ensemble des employeurs »).

Cela dit, il est toujours possible de dénoncer une convention à durée indéterminée (art. L. 2261-9).

▶ **La convention à durée déterminée.** Sa durée ne peut être supérieure à 5 ans (art. L. 2222-4 al. 3), avec un réexamen fréquent des conditions de travail et de salaire. À défaut de stipulations contraires, la convention qui arrive à expiration continue à produire ses effets comme une convention à durée indéterminée. Des sanctions sont prévues en cas de violation ou d'inobservation de la convention (art L. 2262-11 ; art. L. 2262-12).

C– L'accord d'entreprise

Il y a une différence certaine entre un accord conclu dans le cadre d'une entreprise pour régler un problème d'horaire de travail par exemple, et une convention collective qui fixe les règles applicables aux conditions d'emploi dans une branche d'activités. L'article L. 2253-1 du Code du travail rappelle que : « Une *convention ou un accord d'entreprise ou d'établissement peut adapter les stipulations des conventions de branche ou des accords professionnels ou interprofessionnels applicables dans l'entreprise aux conditions particulières de celle-ci ou des établissements considérés.* » Il convient de noter une évolution législative sur ce point. En effet, le législateur a voulu aller dans le sens d'une unité de régime en intégrant l'ensemble de la matière sous le vocable de ***convention collective***.
La loi du 13 novembre 1982 a renforcé la ***négociation dans l'entreprise*** : c'est aujourd'hui une ***obligation à la charge de l'employeur***, dont on précisera la force obligatoire.

1. La négociation

Le chef d'entreprise et les syndicats représentatifs ont toute liberté pour négocier dans l'entreprise. La convention ou les accords d'entreprise sont négociés entre l'employeur et les organisations syndicales de salariés représentatives dans l'entreprise. (art. L. 2232-16).

➜ Les parties à la négociation

Ce sont ***l'employeur*** et, face à lui, ***les organisations syndicales de salariés représentatives de l'entreprise*** (art. L. 2232-16). L'employeur doit inviter toutes les organisations syndicales à la négociation, et l'article L. 2232-17 précise que la délégation de chacune des organisations représentatives parties à des négociations dans l'entreprise comprend obligatoirement un ou deux délégués syndicaux. Elle comprend facultativement un ou plusieurs salariés de l'entreprise.

➜ Conditions de validité

Dans les entreprises pourvues d'un ou plusieurs délégués syndicaux, les conventions ou les accords d'entreprise doivent, pour être valablement conclus, être soumis à une double condition : être signés par une ou des organisations syndicales de salariés représentatives ayant recueilli au moins 30 % des suffrages exprimés au premier tour des dernières élections des titulaires au comité d'entreprise ou, à défaut, des délégués du personnel, et être subordonnés à l'absence d'opposition d'une ou plusieurs organisations syndicales de salariés représentatives ayant recueilli la majorité des suffrages exprimés à ces mêmes élections (art. L. 2232-12). L'opposition est exprimée dans un délai de huit jours à compter de la notification de cet accord (art. L. 2232-12 al. 2).

→ Le déroulement et objet de la négociation

Les parties déterminent la périodicité des rencontres, ainsi que les informations à remettre préalablement aux délégués syndicaux de l'entreprise (art. L. 2232-20). Les salariés membres des délégations syndicales sont rémunérés pendant les négociations (art. L. 2232-18). Les parties sont libres du contenu des négociations. Comme il s'agit de négociation facultative, le législateur n'a pas imposé de formalisme. Les négociateurs sont libres quant aux thèmes abordés.

Une convention ou accord d'entreprise peut adapter les stipulations des conventions de branche aux conditions particulières de l'entreprise ou de l'établissement (art. L. 2253-1). La convention ou les accords peuvent comporter des dispositions nouvelles mais les solutions retenues doivent être au moins aussi favorables aux salariés que les dispositions légales ou conventionnelles. Cette négociation doit améliorer la situation des salariés. La loi du 4 mai 2004 a réduit la portée de cette règle. Le principe de faveur (art. L. 2253-1 al. 2) ne s'applique qu'aux matières visées à l'article L. 2253-3, c'est-à-dire les salaires minima, les classifications, les garanties collectives complémentaires, la mutualisation des fonds de la formation professionnelle. La convention ou l'accord d'entreprise ou d'établissement ne peut pas comporter de clauses dérogeant dans un sens défavorable aux salariés à celles des conventions de branche ou accords professionnels. Mais il reste possible de déroger, dans ces matières, dans un sens plus favorable aux salariés.
En dehors de ces matières, la convention ou l'accord d'entreprise pourra comporter des dispositions dérogatoires (et éventuellement moins favorables) aux dispositions conventionnelles couvrant un champ territorial ou professionnel plus large, sauf si cette convention ou cet accord en dispose autrement (art. L. 2253-3 al. 2).

→ Les modalités de négociation

Les conventions ou les accords d'entreprise sont négociés entre l'employeur et les organisations syndicales de salariés représentatives dans l'entreprise (art. L. 2232-16). La jurisprudence avait déjà autrefois assoupli les principes (Cass., 25 janvier 1995, Dame Charre, D. 1995, 53). Pour la Cour de cassation, les négociations pouvaient s'engager, en l'absence des interlocuteurs naturels, avec les salariés titulaires d'un

mandat donné par un syndicat représentatif. Il pouvait être un délégué du personnel comme tout autre salarié.
Désormais, ***dans les entreprises dépourvues de délégué syndical***, un accord peut être conclu :

▶ **par les représentants élus au comité d'entreprise ou les délégués du personnel dans les entreprises de moins de 200 salariés** (le projet de loi relatif au dialogue social et à l'emploi du 22 avril 2015 supprime ce seuil) : selon l'article L. 2232-21, les délégués du personnel peuvent négocier et conclure des accords collectifs sur des mesures dont la mise en œuvre est subordonnée par la loi à un accord collectif. La validité de ces accords est subordonnée à leur conclusion par des membres titulaires au comité d'entreprise ou, à défaut, par des délégués du personnel représentant la majorité des suffrages exprimés lors des dernières élections professionnelles et à l'approbation par la commission paritaire de branche. Si l'une des deux conditions n'est pas remplie, l'accord est réputé non écrit (art. L. 2232-22). Le temps passé à la négociation n'est pas imputable sur les heures de délégation et chaque élu dispose du temps nécessaire à l'exercice de ses fonctions dans la limite de dix heures par mois (art. L. 2232-23).

▶ **par des salariés mandatés** : dans les entreprises dépourvues de délégués syndicaux et lorsqu'un procès-verbal de carence a établi l'absence de représentants élus du personnel, les accords d'entreprise peuvent être négociés et conclus par un ou plusieurs salariés expressément mandatés par une ou plusieurs organisations syndicales représentatives dans la branche (art. L. 2232-24).
Chaque salarié mandaté dispose du temps nécessaire à l'exercice de ses fonctions dans la limite de dix heures par mois sauf circonstances exceptionnelles (art. L. 2232-25).
L'accord signé par un salarié mandaté doit avoir été approuvé par les salariés à la majorité des suffrages exprimés. Faute d'approbation, l'accord est réputé non écrit (art. L. 2232-27).
Le projet de loi relatif au dialogue social et à l'emploi du 22 avril 2015 modifie les articles L. 2232-21, L. 2232-22, L. 2232-23, L. 2232-24 du Code du travail.

2. La négociation obligatoire

Depuis 1982, il existe une ***obligation annuelle de négocier dans l'entreprise*** sur les salaires effectifs, la durée effective et l'organisation du temps de travail, notamment la mise en place du temps partiel à la demande des salariés (art. L. 2242-8), et, plus récemment, sur les mesures permettant d'atteindre l'égalité professionnelle entre les femmes et les hommes dans l'entreprise (loi du 4 août 2014, art. L. 2242-5), sur le suivi de la mise en œuvre des mesures visant à supprimer les écarts de rémunération et les différences de déroulement de carrière entre les femmes et les hommes (art. L. 2242-5). La négociation annuelle porte sur l'intéressement, la participation et l'épargne salariale (projet de loi relatif au dialogue social et à l'emploi du 22 avril 2015).

→ Le champ d'application

L'obligation de négocier pèse sur l'employeur chaque année. En effet, dès qu'une section syndicale a été constituée dans l'entreprise, l'employeur doit négocier chaque année sur la rémunération, le temps de travail et le partage de la valeur ajoutée dans l'entreprise ; sur l'égalité professionnelle entre les femmes et les hommes et la qualité de vie au travail (art. L. 2242-1 modifié par le projet de loi relatif au dialogue et à l'emploi du 22 avril 2015). À défaut d'une initiative de l'employeur depuis plus de douze mois suivant la précédente négociation, celle-ci s'engage obligatoirement à la demande d'une organisation syndicale représentative (art. L. 2242-1 al. 2). Si, au terme de la négociation, aucun accord n'a été conclu, il est établi un procès-verbal de désaccord dans lequel sont consignées, en leur dernier état, les propositions respectives des parties et mesures que l'employeur entend appliquer unilatéralement (art. L. 2242-4).

→ Le contenu

L'article L. 2242-8 du Code du travail rappelle que ***l'employeur prend, chaque année, l'initiative de la négociation***. Des informations doivent être remises aux délégations syndicales concernant la situation des salariés, les salaires effectifs, l'organisation du temps de travail. Un calendrier est fixé pour la discussion. La négociation doit porter sur les salaires effectifs, la durée effective du travail, l'organisation du temps de travail, notamment la mise en place du travail à temps partiel ou l'augmentation de la durée de travail à la demande des salariés. Cette négociation peut également porter sur la formation ou la réduction du temps de travail (art. L. 2242-8). Le projet de loi relatif au dialogue social et à l'emploi du 22 avril 2015 prévoit une négociation annuelle sur la qualité de vie au travail portant sur l'articulation entre la vie professionnelle et la vie personnelle pour les salariés, les objectifs et les mesures permettant d'atteindre l'égalité professionnelle entre les femmes et les hommes, notamment en matière de suppression des écarts de rémunération, d'accès à l'emploi, de déroulement de carrière (art. L. 2242-8). Elle aboutit soit à un accord, soit à un procès-verbal de désaccord qui mentionne les propositions respectives des parties, et les mesures que l'employeur entend appliquer.

➜ Les sanctions

L'employeur qui ne se soumet pas à l'obligation prévue à l'article L. 2242-8 du Code du travail, c'est-à-dire qui n'engage pas les négociations, s'expose à des sanctions telles que prévues aux articles L. 2243-1 et L. 2243-2.

3. La force obligatoire

Les dispositions de la convention s'imposent à l'employeur qui doit en faire bénéficier tous les salariés de l'entreprise. Cependant, la force obligatoire de l'accord peut parfois être mise en échec, du fait du ***droit d'opposition*** ou de la ***dénonciation***.

➜ Le droit d'opposition

Il faut assurer la crédibilité des accords. L'accord d'entreprise ou d'établissement doit être soumis à la double condition de l'article L. 2232-12. L'opposition est exprimée dans un délai de huit jours à compter de la date de notification de cet accord (art. L. 2232-12).

➜ La dénonciation

Les conventions et les accords collectifs à durée indéterminée peuvent être dénoncés par les parties signataires (art. L. 2261-9). Par la dénonciation, une partie déclare vouloir mettre fin à l'application de l'accord, et la dénonciation s'applique à l'ensemble de l'accord. En effet, celui-ci forme un tout, et il ne semble pas que l'on puisse admettre une dénonciation partielle, sauf si la convention elle-même l'autorise.

▶ **Les conditions de la dénonciation**. Pour pouvoir dénoncer un accord ou une convention, il faut respecter un préavis ; en l'absence de stipulation expresse, la durée du préavis est de 3 mois (art. L. 2261-9 al. 2). La dénonciation doit être notifiée aux autres signataires de la convention. Elle implique donc un certain formalisme (art. L. 2261-9 al. 3)

▶ **Les conséquences.**

- ***La dénonciation par une partie seulement*** des syndicats de salariés signataires ne change rien, car la dénonciation n'a d'effet qu'à l'égard de ses auteurs, qui ne pourront plus invoquer les dispositions de l'accord.
- ***La dénonciation par la totalité des signataires employeurs ou des signataires salariés*** remet en cause l'existence même de l'accord. En effet, l'article L. 2261-10 al. 1, al. 2 du Code du travail précise que, lorsqu'une convention ou un accord a été dénoncé par la totalité des signataires employeurs ou des signataires salariés, une nouvelle négociation doit s'engager dans les trois mois qui suivent la date

de la dénonciation. La convention ou l'accord continue de produire effet jusqu'à l'entrée en vigueur de l'accord qui lui est substitué ou, à défaut, pendant une durée d'un an à compter de l'expiration du délai de préavis.

- ***Si l'accord n'est pas remplacé***, les salariés conservent les avantages individuels qu'ils ont acquis (art. L. 2261-13). Il s'agit seulement des avantages ***individuels*** (prime d'ancienneté dont le salarié a déjà bénéficié...) ; sont exclus les avantages collectifs comme, par exemple, ce qui relève de la durée ou de l'aménagement du temps de travail.

III. Extension et élargissement des conventions collectives

A– L'extension

Elle vise à rendre applicable un texte à tous les employeurs d'une profession ou d'une région. Cette procédure, élément très original du droit des conventions collectives, a été mise en place, pour la première fois, par la loi du 24 juin 1936. Ces dispositions ont été ensuite reprises par la loi du 11 février 1950. La dernière loi en ce domaine est ***celle du 13 novembre 1982***, qui veut faciliter l'extension des conventions collectives, afin d'égaliser la concurrence entre les entreprises ayant des activités similaires, et de faire profiter les salariés des petites entreprises de la protection acquise par voie de convention collective.

1. Les conditions de l'extension

- ***Pour être étendue***, une convention de branche ou un accord professionnel doivent avoir été conclu dans des ***conditions particulières (en commission paritaire)***, et ***refléter les aspirations des salariés***. Il faut que la commission dans laquelle la convention a été négociée soit composée des organisations syndicales d'employeurs et de salariés représentatives au niveau considéré : national, régional... (art. L. 2261-19). À la demande de l'une des des organisations syndicales d'employeurs et de salariés représentatives, ou de sa propre initiative, l'autorité administrative peut provoquer la réunion d'une commission mixte paritaire (art. L. 2261-20 ; R. 2261-9).

- Aujourd'hui, ***un accord*** (si les conditions de conclusion sont respectées), ***un avenant peuvent, tout comme une convention collective***, être étendus. Quant à la convention de branche, elle doit, pour être étendue, contenir un certain nombre de ***clauses dites obligatoires*** : ces clauses doivent couvrir l'ensemble des relations de travail, l'exercice du droit syndical et la liberté d'opinion des salariés, les délégués du personnel, le CHSCT, les comités d'entreprise, les éléments qui servent à la détermination des classifications professionnelles, les éléments du salaire, les congés payés, etc. (art. L. 2261-22).

2. La procédure d'extension

Le ministre du Travail dispose d'un pouvoir souverain d'appréciation dans ce domaine. L'extension peut aussi se faire à l'initiative d'une organisation syndicale ou patronale représentative. Le ministre a la possibilité d'exclure de l'extension certaines clauses qu'il estime contraires au droit. Avant toute extension, il doit consulter la Commission nationale de la négociation collective pour avis motivé (art. L. 2271-1, 3°). L'article L. 2272-1 fixe la composition de cette commission. L'avis relatif à l'extension sera publié au *JO*. L'extension est réalisée par arrêté ministériel, et la publication au *JO* des dispositions étendues fixe la date d'entrée en vigueur.

3. Les effets

Les employeurs exerçant une ***activité qui entre dans le champ d'application géographique et professionnel de l'accord*** doivent en respecter les dispositions. La ***durée de la convention*** reste celle fixée à l'origine par les parties. La révision reste possible, la convention à durée indéterminée peut toujours être dénoncée selon les règles de droit commun, et l'arrêté d'extension peut faire l'objet d'un recours devant les tribunaux administratifs.

B– L'élargissement

Il a pour effet de rendre la convention applicable à des entreprises ***d'un secteur territorial ou professionnel différent***. Cette technique permet au ministre du Travail d'étendre la portée d'une convention ou d'un accord, avec la même idée de faire bénéficier le plus grand nombre de salariés des clauses conventionnelles plus favorables. Il existe une différence avec le procédé d'extension : la négociation est moins présente, dans la mesure où l'arrêté d'élargissement rend applicable à une région ou un secteur une convention ou un accord que les acteurs sociaux de la région n'ont pas conclu.

1. Les conditions

Pour que l'arrêté d'élargissement soit pris, il faut qu'il y ait une ***carence prolongée***, c'est-à-dire que, dans une branche, il y ait une impossibilité persistante de conclure une convention ou un accord (art. L. 2261-17), ou une impossibilité de modifier une convention de branche existante pendant plus de 5 ans (art. L. 2261-18). Il faut que la convention ait été au préalable étendue. La procédure est calquée sur celle de l'extension.

2. Les effets

L'arrêté d'élargissement rend obligatoire dans un secteur une convention négociée pour un autre secteur (la convention collective du carton de la région X, qui est élargie à la région Y). Les effets prennent fin quand le ministre abroge l'arrêté d'élargissement (art. D. 2261-13, 2°). L'élargissement a un rôle incitatif à la négociation. Les intéressés, par crainte de se voir imposer une convention, élaboreront eux-mêmes les règles conventionnelles qui déterminent leurs relations de travail.

chapitre 7

Les conflits collectifs

Les rapports de travail ne sont pas toujours pacifiques, mais fréquemment conflictuels. Ainsi y a-t-il un lien entre la négociation collective et le conflit collectif : la négociation n'intervient souvent qu'à la suite d'une période de conflit ; inversement, le conflit peut naître à la suite de la violation de la négociation collective.

Nous définirons ***le conflit collectif ainsi que ses divers modes de solution*** (1), avant de consacrer un développement spécifique à ***la grève*** (2).

I. Caractéristiques et solutions du conflit collectif

Le conflit collectif naît de ***l'opposition entre un ou plusieurs employeurs et une catégorie plus ou moins large de salariés, à propos des droits ou des intérêts communs de ces salariés***. Le conflit collectif s'oppose donc au conflit individuel. Toutefois, sur le plan juridique, la distinction n'est pas aussi simple dans la mesure où le conflit individuel peut être à l'origine d'un conflit collectif. Dans les faits, d'ailleurs, ces deux types de conflits sont souvent liés.

A– La notion de conflit collectif

1. Caractéristiques du conflit collectif

▶ **L'objet.** Le conflit doit avoir pour objet un ***intérêt commun à un groupe de salariés***. La grève n'est pas en soi un conflit collectif, mais elle le suppose : c'est un procédé de lutte. La menace pesant sur les intérêts des salariés peut avoir une origine diverse (une décision de l'employeur qui méconnaît une loi ou une convention, etc.).

▶ **Les parties au conflit.** Il y a conflit collectif à partir du moment où il y a une ***collectivité de salariés***, peu importe leur nombre.

2. Le but des conflits collectifs

▶ **Les conflits juridiques.** Dans ce cas, le différend porte sur ***l'interprétation ou l'exécution du droit en vigueur***. La cause du conflit réside dans la volonté d'imposer à l'une des parties le respect du droit en vigueur. Si un employeur ne respecte pas une convention collective, il crée le conflit.

▶ **Les conflits économiques.** Ils sont encore appelés « *conflits en révision du droit* ». Dans cette hypothèse, les salariés ***cherchent à obtenir à leur profit une révision de la règle de droit en vigueur*** (limitation des cadences de travail, par exemple). Les conflits de salaires sont typiques des conflits économiques, qui sont aujourd'hui les plus fréquents.

Il a fallu dans ces conditions trouver des modes de résolution de ces conflits.

B– La solution des conflits collectifs

1. L'évolution historique

On peut dégager différentes étapes :

▶ **Les années 1936-1938.** Entre 1936 et 1938, le gouvernement du Front populaire est favorable aux revendications ouvrières. C'est la grande époque du règlement des conflits collectifs. Après les grèves massives de 1936, les lois du 31 décembre 1936 et du 4 mars 1938 imposent de recourir à la procédure de ***conciliation*** et d'***arbitrage*** avant le recours à la grève ou au lock-out.

▶ **La loi du 11 février 1950.** Après la Seconde Guerre mondiale, la loi du 11 février 1950 marque un retour vers les procédures de résolution pacifiques des conflits. Le décret du 5 mai 1955 met en place la procédure de la ***médiation***.

▶ **La loi du 13 novembre 1982.** Cette loi n'a pas tenté de relancer les modes de résolution pacifique des conflits. Si elle reprend les trois procédures, elle ***supprime le caractère obligatoire de la conciliation***.

Il faut en effet admettre que ces procédures étaient parfois inefficaces. Elles ont connu un relatif échec en France car elles inspirent de la défiance aux différents intervenants, qui admettent difficilement qu'un tiers intervienne et impose ses solutions. Cela explique leur dépérissement actuel. À cet égard, on peut noter que la loi du 13 novembre 1982 les a plutôt affaiblies dans la mesure où le législateur s'est davantage orienté, à partir de cette époque, vers la prévention des conflits. Le moyen utilisé pour y parvenir est la ***négociation organisée***. C'est, aux yeux du législateur, le principal instrument pour défendre la paix sociale : l'objectif est de prévenir le conflit plutôt que d'avoir à le résoudre. Lors des conflits les plus importants (lorsqu'il s'agit, par exemple, de défendre l'emploi), les pouvoirs publics peuvent mandater une personnalité pour débloquer la situation, afin de faciliter l'ouverture des négociations. Cela dit, la tendance est bien plus, à l'heure actuelle, à la prévention.

2. La conciliation, la médiation, l'arbitrage

La conciliation

▶ **Les conditions de la conciliation**. Cette procédure vise à ***rapprocher des points de vue antagonistes***. Elle est, selon les époques, obligatoire ou facultative. Depuis 1982, elle est facultative : l'article L. 2522-1 du Code du travail rappelle que « *tous les conflits collectifs du travail peuvent être soumis aux procédures de conciliation* ».
La conciliation peut être conventionnelle, c'est-à-dire qu'elle est établie soit par la convention ou l'accord collectif de travail, soit par un accord particulier (art. L. 2522-1). Si elle n'a pu fonctionner, il y a une autre procédure qui implique l'intervention d'une autorité publique. Cette procédure se déroule, selon l'importance du conflit, devant une commission soit nationale, soit régionale, comportant des représentants des employeurs, des salariés et des pouvoirs publics en nombre égal (art. L. 2522-7).

▶ **Les effets de la conciliation**

- Si la conciliation réussit, le procès-verbal prend la valeur d'un accord collectif de travail (art. L. 2522-5).
- En cas d'échec, il est dressé un procès-verbal de non-conciliation qui précise les points sur lesquels le désaccord persiste (art. L. 2522-5).

La médiation

Cette procédure suit la précédente en cas d'échec. Selon l'article L. 2523-1 al. 1 : « la procédure de médiation peut être engagée par le président de la commission

de conciliation qui, dans ce cas invite les partis à désigner un médiateur dans un délai déterminé afin de favoriser le règlement amiable du conflit collectif. »
Cette procédure peut également être engagée par l'autorité administrative à la demande écrite et motivée de l'une des parties ou de sa propre initiative (art. L. 2523-1 al. 2).

▶ **Les conditions de la médiation**. Les parties doivent se mettre d'accord sur le choix d'un médiateur. À défaut d'accord, le médiateur est choisi par l'autorité administrative sur une liste de personnalités désignées en fonction de leur autorité morale et de leur compétence économique et sociale (art. L. 2523-2). Il peut aussi être choisi par le ministre.
Ce médiateur convoque les parties (art. L. 2523-4), qui doivent déférer à la convocation (art. R. 2523-12). Dans le délai d'un mois, éventuellement prolongé avec l'accord des parties, le médiateur soumet ses propositions, sous la forme d'une ***recommandation motivée*** (art. L. 2523-5).

▶ **Les conséquences de la médiation**. La recommandation du médiateur ne s'impose pas aux parties : ces dernières disposent de huit jours pour la rejeter (art. L. 2523-6). Passé ce délai de huit jours, le médiateur constate l'accord ou le désaccord des parties (art. L. 2523-6 al. 2).

- L'accord sur la recommandation du médiateur lie les parties qui ne l'ont pas rejetée : elle aura donc les ***mêmes effets qu'un accord collectif de travail*** (art. L. 2523-6 al. 3).
- En cas d'échec, le ministre du Travail rend publiques les recommandations du médiateur (art. L. 2523-7 al. 2). Cette publicité n'est d'ailleurs pas sans conséquence sur la conduite des parties.

→ L'arbitrage

▶ **Les conditions de l'arbitrage**. Depuis la loi du 13 novembre 1982, le conflit peut être soumis à l'arbitrage après l'échec d'une procédure de conciliation, mais aussi après celui d'une procédure de médiation (art. L. 2524-2). Le recours à l'arbitrage peut également être prévu à l'avance par voie de convention collective. À la différence du médiateur, ***l'arbitre est pleinement investi d'un pouvoir de décision***.

▶ **Les prérogatives de l'arbitre**. ***L'arbitre statue en droit dans les litiges juridiques***, c'est-à-dire ceux relatifs à l'interprétation et à l'exécution des lois et règlements ou accords en vigueur (art. L. 2524-4 al. 2). ***Il statue en équité dans les litiges économiques***, c'est-à-dire ceux qui portent sur les salaires ou les conditions de travail (art. L. 2524-4 al. 3).

Les sentences arbitrales doivent être motivées (art. L. 2524-6). Elle ne peuvent faire l'objet d'***aucun recours*** devant les juridictions de droit commun (art. L. 2524-6 al. 2) : c'est la ***Cour supérieure d'arbitrage*** qui connaît des recours pour excès de pouvoir ou violation de la loi formés par les parties contre les sentences arbitrales (art. L. 2524-7).

3. Le règlement négocié des conflits

Les pratiques que nous venons d'évoquer s'essoufflent, et nombre de conflits prennent fin à la suite d'une discussion dont les lignes directrices sont contenues dans un ***procès-verbal de fin de crise***, encore appelé ***protocole d'accord***. Ce document porte essentiellement sur la question des sanctions éventuellement prises contre les grévistes (aspect disciplinaire du conflit) et enregistre l'engagement des grévistes à reprendre le travail. Il ne contient aucun engagement pour l'avenir, mais établit simplement un accord sur certains points permettant la reprise du travail.

II. La grève

La grève est la ***cessation collective et concertée du travail en vue d'exercer une pression sur le chef d'entreprise ou les pouvoirs publics***. C'est un procédé de lutte, une manifestation extérieure de conflit.
Le recours à la grève est plus ou moins fréquent selon les secteurs d'activité. Par ailleurs, certains facteurs découragent relativement la grève : le fait que les salariés ne soient pas syndiqués (les salariés syndiqués ne représentent pas, en France, la majorité des salariés), et surtout le nombre important des chômeurs.
Après avoir étudié la ***notion et l'exercice du droit de grève*** (A), nous traiterons de ***ses conséquences*** (B).

A– La notion de grève et son exercice

1. Les étapes historiques

En 1789, la grève est un délit pénal. ***En 1864, le délit de coalition est supprimé***, mais le droit de grève n'est pas reconnu pour autant : ***le salarié gréviste rompt son contrat de travail***.
La Constitution de 1946 reconnaît que le droit de grève s'exerce dans le cadre des lois qui le réglementent. ***La grève constitue donc un droit***, mais jusqu'en 1950,

certaines décisions jurisprudentielles continuent d'analyser la grève comme une cause de rupture du contrat de travail du fait du salarié.
Il faut attendre la loi du 11 février 1950 pour qu'il soit affirmé que la grève ne rompt pas le contrat de travail, sauf faute lourde imputable au salarié (art. L. 2511-1).

2. La notion de grève

Dans le langage courant, la grève est comprise selon une acception très large, comme tout arrêt de travail.
En droit du travail, la grève est un ***arrêt de travail concerté en vue d'obtenir une amélioration des conditions de travail*** (Cass., 3 octobre 1963, *D.* 1964, 3). Ce qui caractérise la grève, c'est l'arrêt d'une activité par un groupe de travailleurs afin d'obtenir quelque chose. Précisons tout de même que l'unique salarié d'une entreprise peut exercer le droit de grève (Cass., 13 novembre 1996, *JCP*, 1997, II, 22754) : cet arrêt ne remet pas en cause la cessation concertée ni la revendication professionnelle, mais impose seulement une autre approche du caractère collectif.
Pour comprendre la notion de grève, il faut ***en préciser l'exercice***, et distinguer entre ***la grève licite et la grève illicite***.

3. L'exercice de la grève

Depuis 1946, l'exercice de la grève est un droit reconnu aux salariés. Ce droit est ***essentiellement jurisprudentiel*** ; c'est pourquoi le rôle du juge est fondamental. Il faut cependant noter que la loi du 25 juillet 1985 a légalisé l'exercice normal du droit de grève.

→ Le rôle du juge

Le juge est très présent dans le droit français de la grève. Certains ont même affirmé que « *le droit des conflits collectifs de travail a été créé par les juges* ». Cela n'est pas sans susciter certaines remarques et notamment le fait que cette situation entraîne un risque grave d'insécurité juridique. Il est difficile pour les salariés de connaître les solutions jurisprudentielles. De plus, le juge n'est pas un arbitre, et son contrôle ne peut porter sur la légitimité des revendications des grévistes.

→ L'exercice normal du droit de grève

Le législateur a mis un terme au débat en rappelant qu'***aucun salarié ne peut être sanctionné ou licencié en raison de l'exercice normal du droit de grève*** (art. L. 1132-2). La grève est donc un droit individuel, exercé en général de façon collective, de sorte que l'on peut dire que la grève est la cessation concertée du travail afin de satisfaire des revendications professionnelles. Un salarié ne peut faire grève tout seul, sauf s'il est l'unique salarié de l'entreprise. Pour la Cour de cassation, « *dans les entreprises ne comportant qu'un seul salarié, celui-ci, qui est le seul à même de présenter et de défendre ses revendications professionnelles, peut exercer ce droit constitutionnellement reconnu* » (Cass., 13 novembre 1996, précité).

Cependant, la reconnaissance du droit de grève ne doit pas conduire à des abus. À ce titre, on distingue les grèves licites et les grèves illicites.

4. La grève licite et la grève illicite

De façon périodique est évoquée l'intervention du législateur pour établir une réglementation de l'exercice du droit de grève. La doctrine est, dans l'ensemble, opposée à cette réglementation. Il faut cependant reconnaître que le rôle que tient pour l'instant la jurisprudence est une source d'insécurité, dans la mesure où les solutions jurisprudentielles sont difficiles à prévoir. Quoi qu'il en soit, la grève, qui s'exerce sous différentes formes, est un droit que l'employeur doit respecter. Cependant, la grève ne doit pas être abusive : le juge en apprécie, le cas échéant, le caractère licite ou illicite.

➜ Les différentes formes de grève

▶ **La grève surprise**. Dans cette hypothèse, il n'y a pas de préavis. C'est un arrêt spontané de travail. Une grève ne saurait perdre son caractère licite du seul fait qu'elle n'a pas été précédée d'un avertissement (Soc., 26 février 1981, *Bull. civ.* V, n° 161). Mais les juges considèrent que cette forme de grève est abusive lorsqu'elle désorganise complètement l'entreprise.

▶ **Les débrayages**. Le débrayage, qui est une grève de durée brève, est licite. Mais le débrayage revêt un caractère abusif lorsqu'il conduit à une désorganisation grave de l'entreprise (Cass., 7 janvier 1988, *Bull. civ.* V, n° 10).

▶ **La grève tournante**. Dans ce cas, la grève affecte alternativement les ateliers, les uns à la suite des autres. La jurisprudence en admet la régularité (Cass. soc., 14 janvier 1960, *Dr. soc.* 1960, 491), à la condition toutefois que ces débrayages nombreux et répétés, effectués par roulement entre les différents ateliers, ne causent pas « *une perturbation anormale, grave et continue, exorbitante de l'exercice régulier du droit de grève* » (Cass., 30 janvier 1967, *Bull. civ.* V, n° 99).

▶ **La grève non syndicale**. Les salariés peuvent arrêter le travail en l'absence de toute initiative syndicale. C'est uniquement dans les entreprises qui gèrent un service public que l'ordre de grève doit émaner d'une organisation syndicale représentative.

▶ **La grève de solidarité.** Dans ce cas, les revendications ne sont pas propres aux grévistes mais concernent une autre catégorie de travailleurs. Dans un tel contexte, le slogan « *tous ensemble* » que l'on entend fréquemment aujourd'hui est une manifestation de solidarité. Mais il y a lieu de dissocier la solidarité interne et la solidarité externe.

- ***La solidarité interne.*** Les salariés, dans cette hypothèse, cessent le travail pour protester contre une sanction (par exemple le licenciement d'un salarié). La Cour de cassation distingue deux situations :
  - ***Il n'y a pas d'intérêt professionnel.*** Cet intérêt n'est pas reconnu si la sanction concerne des faits propres à un salarié. Cette solution se comprend aisément : il ne faut pas que les salariés mettent en échec le pouvoir disciplinaire du chef d'entreprise si ce pouvoir est exercé de façon régulière.
  - ***Il y a un intérêt collectif.*** Dans ces conditions, la grève est admise (par exemple, dans le cas où le licenciement économique de plusieurs salariés fait peser une menace sur la situation de l'ensemble du personnel).
- ***La solidarité externe.***
  - Si les salariés cessent le travail pour ***soutenir l'action de salariés d'une autre entreprise***, il n'y a pas de revendication professionnelle et, donc, pas de mobiles professionnels. La grève ne sera pas reconnue licite.
  - En revanche, si les salariés cessent le travail pour ***participer à une journée nationale de protestation*** (par exemple, pour la défense de l'emploi, ou encore pour la défense des salaires et des retraites), cette grève n'est pas illicite car, pour les juges, à travers ces protestations, ce sont leurs intérêts propres que défendent ces grévistes, par solidarité. ***Le critère essentiel est donc la défense de l'intérêt professionnel.***

→ Les grèves abusives

La difficulté est de définir la grève abusive. C'est ***le mobile*** qui permet de caractériser la grève, et il appartient à l'employeur d'apporter la preuve de l'abus de droit. L'article L. 1132-2 du Code du travail se réfère à « *l'exercice normal du droit de grève* ». Cela permet d'en déduire qu'il peut y avoir un exercice abusif. On peut citer :

▶ **La grève politique.** ***La grève doit tendre à améliorer les conditions de travail.*** Si les grévistes s'en tiennent uniquement à une critique de la politique du gouvernement, c'est-à-dire que la grève est faite manifestement dans un but politique, elle devient abusive. Mais la grève peut avoir un aspect mixte : les tribunaux vont alors rechercher quel est le but principal du conflit, la grève étant illicite si l'aspect politique est dominant.

▶ **La grève perlée.** La grève suppose un ***arrêt*** du travail, et non pas son ***exécution au ralenti ou dans des conditions défectueuses.*** Les juges vont apprécier le caractère illicite de la grève en se référant aux rendements habituellement constatés.

▶ **Les actions de désorganisation de l'entreprise.** Les baisses de rendement, les arrêts de travail à des heures différentes, les débrayages inopinés constituent, s'ils sont délibérés, des actions exorbitantes du droit de grève. Mais il est délicat pour les juges de déterminer la limite entre le droit de grève et l'intérêt de l'entreprise : la question est de savoir à quel moment on entre dans le non-droit.
La grève suppose des revendications que l'employeur serait à même de satisfaire. Il faudrait par conséquent considérer comme illicite la grève déclenchée ***à l'appui de revendications** « déraisonnables »* (déraisonnables parce que l'employeur ne pourrait y donner suite). Cette position était ***celle de la Cour de cassation, exprimée dans un arrêt de 1986*** (Ass. plén., 4 juillet 1986, *D.* 1986.466). La Cour approuvait en l'occurrence une décision rendue en référé qui suspendait le préavis de grève notifié par des syndicats du personnel navigant à plusieurs compagnies aériennes. Cette mesure de suspension avait été prise en raison du ***caractère manifestement illicite d'une grève engagée pour des revendications déraisonnables.*** En effet, les compagnies aériennes ne pouvaient les satisfaire.
Cette position fut critiquée car elle donnait au juge un pouvoir d'apprécier la possibilité de satisfaire des revendications syndicales. Deux ans plus tard, elle fut contredite par un arrêt de la cour d'appel de Paris (CA Paris, 27 janvier 1988, *Dr. soc.* 1988, 242), rendu au motif que « *le juge de l'ordre judiciaire n'a pas qualité ni compétence pour apprécier le bien-fondé et donc la légitimité des revendications d'ordre professionnel* ». Un magistrat est-il en effet apte à déterminer où commence le déraisonnable ?
La Cour de cassation a confirmé la jurisprudence de la cour d'appel de Paris dans un arrêt de 1992 (Soc., 2 juin 1992, *Dr. soc.* 1992, 696), en décidant que : « *Le juge ne peut, sans porter atteinte au libre exercice d'un droit constitutionnellement reconnu, substituer son appréciation à celle des grévistes sur la légitimité ou le bien-fondé de ces revendications.* »

B – Les conséquences de la grève

La grève a des effets sur le ***contrat de travail*** (elle entraîne la ***suspension du contrat)*** et sur la ***rémunération du salarié.***
Dans certains cas, la grève peut entraîner une ***occupation des locaux.***

1. La grève et le contrat de travail

La grève ne rompt pas le contrat de travail, sauf faute lourde imputable au salarié (art. L.2511-1).

→ Évolution historique

À l'origine, les grévistes étaient passibles de sanctions pénales. Si la loi du 25 mai 1864 met un terme à ces sanctions, la grève reste une faute contractuelle. Pour la jurisprudence, l'ouvrier qui se met en grève rend impossible la continuation de l'exécution du contrat de travail qui le liait à son patron : cet acte constitue de sa part une rupture de ce contrat.

L'affirmation du droit de grève dans le préambule de la Constitution de 1946 remet en cause ces solutions.

La loi du 11 février 1950 dispose que, désormais, « *aucun salarié ne peut être sanctionné ou licencié... en raison de l'exercice normal du droit de grève* » (art. L. 1132-2) : ***la grève n'est plus une faute contractuelle***.

Dès 1951, la Cour de cassation en tire les conséquences (Soc., 18 juin 1951, *Dr. soc.*, 1951, 53), en reconnaissant que « *l'affirmation du droit de grève qui est devenu une modalité de la défense des intérêts professionnels ne peut se concilier avec la rupture du contrat de travail qui résulterait de l'exercice de ce droit* ».

→ Les effets de la grève sur le contrat de travail

Pendant la grève, le contrat de travail est suspendu mais non rompu.

▸ **Le contrat est suspendu.** Le travail reprend après la grève, ***avec la rémunération et l'ancienneté correspondantes***, car la grève ne saurait donner lieu de la part de l'employeur à des mesures discriminatoires en matière de rémunérations et d'avantages sociaux à l'encontre des grévistes (art L. 2511-1).

De la même façon, ***tout licenciement pour fait de grève sera nul*** (art. L. 2511-1 al. 3) : ce licenciement est un acte nul, de plein droit, sans appréciation par le juge.

Pendant la grève, l'employeur ***n'est plus responsable de son salarié au sens de l'article 1384 du Code civil***. Si un accident se produit, ce ne sera pas un accident du travail.

▸ **Le contrat n'est pas rompu.** L'article L. 2511-1 du Code du travail indique que le contrat de travail ***n'est pas rompu du fait de la grève, sauf faute lourde imputable au salarié***.

– ***Le contrat n'est pas rompu.*** En droit du travail, la faute lourde est au plus haut degré dans l'échelle des fautes et de leur gravité. Elle est plus grave que la faute grave. Cette faute engage la responsabilité contractuelle du salarié. Mais on peut se demander de quelle manière il convient d'analyser le texte de l'article L. 2511-1 du Code du travail, selon lequel la faute lourde romprait le contrat : est-ce à dire qu'en cas de faute lourde, le contrat est rompu par la grève ? En fait, il faut le comprendre autrement : la faute lourde ***n'entraîne pas la rupture du contrat, mais elle permet à l'employeur de prononcer le licenciement***, et, dans le contexte de la grève, ***la faute doit être lourde pour justifier le licenciement*** (l'employeur pouvant cependant prononcer des sanctions de moindre gravité, par exemple une mise à pied).

- ***La notion de faute lourde.*** La jurisprudence estime que ***la faute lourde se caractérise par l'intention de nuire*** (Cass. soc., 29 novembre 1990, *Dr. soc.*, 1991, 105). Mais le problème est que tout gréviste, par son action, nuit à l'employeur. La jurisprudence est donc trop vague dans sa définition, car il n'y a pas de critère permettant de caractériser la faute. Dans certains cas, la faute tient à l'***illicéité de la grève***. Elle peut aussi être constituée par des ***actes de violence à l'égard de non-grévistes***, par la participation à un barrage pour empêcher tout véhicule d'entrer dans une clinique (Cass. soc., 5 décembre 1989, *RJS* 1990, n° 59, p. 42). L'occupation des locaux n'est pas en elle-même une faute lourde, mais elle peut le devenir si l'occupation se poursuit malgré la décision judiciaire d'expulsion. ***La faute lourde est individuelle.*** Il faut, en effet, établir la participation personnelle du salarié aux agissements illicites. Le salarié doit avoir joué un ***rôle actif*** : ***sa participation doit être personnelle, volontaire et active.***
- ***Conséquences en matière de licenciement.*** En l'absence de faute, on ne peut pas licencier un salarié ***parce qu'il est en grève*** ; toutefois, on peut le faire ***pendant qu'il est*** en grève (celle-ci ne peut être un moyen d'échapper à un licenciement pour motif économique, par exemple).

Mais ***tout licenciement pour fait de grève en l'absence d'une faute lourde est nul de plein droit*** (art. L. 2511-1 al. 3). Dans le silence de la loi à ce propos (art. L. 1132-2 ; L. 1132-3), on peut penser que le salarié peut exiger sa réintégration. La Cour de cassation a décidé que, dans le cas d'un licenciement entaché de nullité, le juge des référés devait ordonner la poursuite du contrat.

2. La grève et la rémunération du salarié

Chacun des intervenants, gréviste et employeur, veut minimiser ses pertes.
Le principe est le suivant : l'absence de travail entraîne le non-versement du salaire. Ce principe est cependant sujet à exception.

→ Le principe : le non-versement du salaire

En l'absence totale de travail, l'employeur peut ne pas verser le salaire (le contrat de travail est un contrat synallagmatique). ***Il ne s'agit pas d'une sanction, mais d'une simple application du droit des obligations.*** À cet effet, l'abattement doit être ***proportionnel à l'arrêt de travail.*** Si un ***service minimum*** de sécurité a dû être mis en place, les salariés grévistes qui l'ont assuré à la demande de l'employeur ont droit à la rémunération du travail effectué.

→ L'exception : l'indemnisation des heures de grève

La Cour de cassation admet ***l'indemnisation des heures de grève*** (et non le versement du salaire lui-même) si l'arrêt de travail a eu pour objectif de faire respecter un droit essentiel, lésé par suite d'un manquement grave et délibéré de l'employeur à ses obligations (Cass. soc., 20 février 1991, *Pomona*, *Dr. soc.*, 1991, 315). En matière de grève, les amendes, comme toutes les sanctions pécuniaires, sont interdites (art. L. 1331-2).

3. L'occupation des locaux

Après avoir rappelé les origines et les caractéristiques de cette pratique, il faudra se demander si cette occupation est considérée comme licite ou illicite, et évoquer l'attitude possible de l'employeur (le lock-out, le recours contentieux).

→ Définition de la pratique d'occupation des locaux

À l'origine, ce sont les ***grandes grèves de mai-juin 1936*** qui se sont accompagnées d'une occupation des usines.
On doit distinguer entre l'***occupation*** et la ***grève sur le tas***, notions fréquemment confondues mais qu'il faut pourtant différencier.

▸ **L'occupation de l'entreprise ou de l'usine.** Dans ce cas, les grévistes ***s'installent en permanence dans les locaux de l'entreprise pour la durée du conflit.*** C'est en 1968 qu'est réapparue cette pratique, qui s'est maintenue jusqu'à nos jours.
Elle s'accompagne souvent de la mise en place de ***piquets de grève.*** On appelle ainsi les salariés qui demeurent devant les portes de l'entreprise. Cette attitude n'est pas constitutive d'un trouble manifestement illicite si ces derniers ne bloquent pas totalement les accès de l'usine et permettent aux salariés non-grévistes d'entrer dans l'entreprise. En revanche, s'ils s'opposent au passage de tout salarié, des marchandises…, cette attitude peut constituer un ***motif d'illicéité***, car elle ne se rattache pas à l'exercice normal du droit de grève (Cass. soc., 8 décembre 1983, *JCP*, 1984, II, 20220).

▶ **La grève sur le tas.** Dans cette hypothèse, les grévistes restent dans les locaux, mais ***seulement pendant le temps normal de travail.***

➜ Caractère licite ou illicite de l'occupation

La question est de savoir s'il faut considérer que l'occupation de l'entreprise n'est qu'une ***modalité d'exercice du droit de grève***, ou si l'occupation d'une entreprise peut être considérée comme ***illicite*** dans la mesure où elle porte atteinte au droit de propriété des locaux et du matériel, à la liberté de l'employeur d'exercer son activité, et à la liberté de travail des non-grévistes.

▶ **Le droit de propriété et la liberté d'entreprendre.** Il faut noter, tout d'abord, que les salariés ont l'usage des locaux de l'entreprise. Mais, d'un autre côté, l'occupation perturbe l'entreprise, perturbe surtout les droits qui s'attachent au droit de propriété : l'employeur propriétaire de l'entreprise ne peut plus exercer son activité. C'est pour cette raison que l'occupation porte atteinte à la liberté d'entreprendre.

▶ **La liberté de travail des salariés.** Les non-grévistes ont le droit de pouvoir travailler. Or l'occupation du lieu de travail est un obstacle à l'exercice de ce droit. La jurisprudence considère comme ***fautif l'acte qui s'oppose au travail des non-grévistes.*** Quant au fait pour un salarié de ***participer à une occupation***, un tel acte n'est ***pas en soi constitutif d'une faute lourde***, sauf si des actes illicites sont commis (menaces, séquestration…).

▶ De son côté, l'employeur pourra ***obtenir du juge qu'il ordonne en référé l'expulsion*** des occupants. Ce dernier ne prendra cependant cette décision que si : 1°) l'occupation est un trouble manifestement illicite, 2°) seule l'expulsion peut faire cesser le trouble. Le plus souvent, une ***solution négociée*** sera préférée, avec l'intervention d'un médiateur, et ce n'est que si la solution du conflit ne peut avoir lieu par la négociation que l'expulsion sera ordonnée. L'ordonnance d'expulsion est notifiée aux occupants, mais pour autant, l'employeur n'est pas du tout assuré du concours immédiat de la force publique (surtout si elle est susceptible d'entraîner des violences) ; le cas échéant, il pourra en obtenir réparation devant le juge administratif.

➜ L'employeur face à la grève

L'employeur peut dans certains cas décider de ***fermer son entreprise***, il peut aussi engager un ***contentieux en responsabilité.***

▶ La décision de fermeture de l'entreprise

- ***Le* lock-out*, moyen de pression au profit de l'employeur, n'est pas reconnu par le droit français.*** Certaines législations reconnaissent le droit de grève aux salariés, mais aussi le ***droit pour l'employeur de fermer son entreprise lors d'un conflit collectif*** : c'est le ***lock-out***. En droit français, ce moyen de pression n'existe pas au profit de l'employeur, car il équivaut à menacer les grévistes d'une mise en chômage technique. Si le ***lock-out n'est pas reconnu par notre droit***, c'est que :

  - ***Ces mesures portent atteinte à la liberté d'exercice du droit de grève.*** Aussi, ***le lock-out préventif est illicite***. On entend, par cette expression, le fait pour l'employeur de décider de fermer son entreprise dès l'annonce d'un mot d'ordre de grève. Les salariés ne pourraient plus en effet, dans ces conditions, se mettre en grève. Or la grève est un droit constitutionnellement reconnu. De la même façon, est abusif le fait pour un employeur de ***maintenir sa décision de fermeture alors que les grévistes annoncent la reprise du travail*** (Cass. soc., 7 février 1990, *Bull. civ.* V, n° 42, p. 28).

  - ***La décision de fermeture est un manquement de l'employeur à son obligation de fournir un travail.*** En l'absence de force majeure, l'employeur reste tenu de ses obligations à l'égard des non-grévistes. L'employeur qui fermerait son entreprise et mettrait son personnel non-gréviste en chômage technique lui devrait alors une indemnisation correspondant au salaire perdu.

- ***Il y a cependant des exceptions à ce principe***. Ainsi en est-il de l'impossibilité absolue dans laquelle se trouve l'employeur de faire travailler son personnel. Il arrive qu'un employeur soit ***contraint de fermer son entreprise*** pour quelque temps, car il ne peut plus poursuivre dans de bonnes conditions l'activité de production. Il peut aussi agir de la sorte dans un but préventif, si les locaux risquent d'être endommagés.

Pour la Cour de cassation, « *l'employeur qui, à la suite d'un mouvement de grève, procède à la fermeture de l'entreprise, doit apporter la preuve d'une situation contraignante de nature à le libérer de son obligation de fournir du travail à ses salariés* » (Cass. soc., 7 février 1990, *Bull. civ.* V, n° 42). La situation sera considérée comme contraignante quand des arrêts de travail courts et répétés entraînent l'usure des machines, la désorganisation des unités de production, la fermeture des ateliers. Pourtant, cela ne signifie pas pour autant que l'employeur puisse fermer son entreprise quand bon lui semble, car il doit ***apporter la preuve de la situation contraignante***, « *qui ne lui est pas imputable et qui rend impossible la fourniture de travail aux salariés non grévistes* » (Soc. 22 février 2005, *Bull. civ.* V, n° 57).

▶ **Le contentieux en responsabilité.** La grève cause un préjudice à l'employeur. Elle peut aussi en causer aux non-grévistes qui ont été empêchés de travailler.

- ***La responsabilité des grévistes*** suppose ***une faute qui leur soit imputable***, même dans le cas où le gréviste a participé à un mouvement illicite. Les comportements sont collectifs, mais la responsabilité est individuelle : il faut une ***faute personnelle***. Les grévistes peuvent être ***civilement*** responsables, mais aussi ***pénalement***, en cas de coups, de violence.
- On peut se demander ce qu'il en est de la ***responsabilité du syndicat***. Deux arrêts (Cass., 9 novembre 1982, *Trailor* et *Dubigeon-Normandie*, *D.* 1982.621) ont fixé la jurisprudence sur cette question :

  - ***Lorsque la grève est licite***, le syndicat ne commet pas de faute en contribuant à son déclenchement. Si des dégâts sont à déplorer, le syndicat n'est pas responsable, sauf s'il y a eu une participation personnelle de l'organisation syndicale.
  - En revanche, si le syndicat a participé à des ***agissements constitutifs d'infractions pénales*** ou à des ***faits ne pouvant se rattacher à l'exercice normal du droit de grève***, il engage sa responsabilité.

Conseils bibliographiques

Ouvrages généraux, manuels

Couturier (G.), *Droit du travail*, vol. 1, *Les relations individuelles de travail* ; vol. 2, *Les relations collectives de travail*, PUF, coll. « Droit fondamental ».

Cristau (A.), sous la dir. Schlacther (D.) *Droit du travail*, coll. « HU Droit », Hachette Supérieur.

Javillier (J.-C.), *Manuel de droit du travail*, LGDJ.

Mazeaud (A.), *Droit du travail*, Montchrestien.

Auzero (G.), **Dockès** (E.), *Droit du travail*, Dalloz.

Ray (J.-E.), *Droit du travail. Droit vivant*, Éditions Liaisons.

Rivero (J.) et **Savatier** (J.), *Droit du travail*, PUF, coll. « Thémis-Droit ».

Teyssié (B.) *Droit du travail, Relations collectives*, Litec.

Teyssié (B.), **Cesaro** (J.-F.), **Martinon** (A.) *Droit du travail, Relations individuelles*, Lexinexis, coll. Manuel.

Verdier (J.-M.), *Droit du travail*, Dalloz.

Droit international

Blanpain (R.) et **Javillier** (J.-C.), *Droit communautaire du travail*, LGDJ, coll. « Jupiter ».

Lyon-Caen (G. et A.), *Droit social international et européen*, Dalloz.

Prétot (X.), *Droit social européen*, PUF, coll. « Que sais-je ? » n° 2522, 1990.

Exercices corrigés, travaux pratiques

Javillier (J.-C.) et **Moreau** (M.), *Droit du travail, Corrigés d'examens*, LGDJ.

Teyssié (B.) [sous la direction de], *TD de droit du travail*, Litec.

Mazière (P.), *Droit du travail*, coll. « Les Fondamentaux – préparation aux examens », Hachette Supérieur, 2010.

Ouvrages pratiques

Antona (J.-P.), *La rupture du droit du travail, guide juridique et pratique*, Éditions d'Organisation, 1998.

Antonmattei (P.-H.), *Les conventions et accords collectifs de travail*, Dalloz, coll. « Connaissance du droit ».

Gaudu (F.), *Le contrat de travail*, Dalloz, coll. « Connaissance du droit ».

Guide pratique du droit du travail, La Documentation française.

Pélissier (J.) [sous la direction de], *Droit de l'emploi*, Dalloz.

Petit (F.) *Droits syndicaux dans l'entreprise et liberté syndicale*, La Documentation française, coll. Les Études, 2014.

Quetant (G.-P.) et **Pierchon** (M.), *L'embauche, guide juridique et pratique*, Éditions d'Organisation, 1998.

Index alphabétique

Nota : les numéros renvoient aux pages.

Imprimé en France sur les presses de la Nouvelle Imprimerie Laballery - 58500 Clamecy
Dépôt légal : juillet 2015 - Collection n° 10 - Edition n° 01 - N° d'impression : 507150
34/3340/2